Rückkehr nach Balistan

Bali Kiknadze

Bibliographische Information der Deutschen Nationalbibliothek: Die Deutsche Nationalbibliothek verzeichnet diese Publikation in der Deutschen Nationalbibliographie; detaillierte bibliographische Daten sind im Internet über dnb.dnb.de abrufbar.
© 2023 Bali Kiknadze
Herstellung und Verlag: BoD – Books on Demand, Norderstedt

ISBN: 9783734758829

„All you have to do is
write one true sentence."

Ernest Hemmingway

für meine geliebte Kismet

Wir kehren zurück nach Balistan.

Bali erzählt erneut Geschichten aus ihrem Leben. Wie schon im ersten Buch „Balistan" ist alles authentisch, menschlich, ohne große Umschweife, mal zum Schmunzeln und mal zum Nachdenken. Wir hören von seltenen Krankheiten, Ausbrechern, Urlaubskatastrophen und natürlich dürfen Papis Sprüche und Weisheiten nicht fehlen.

Bali? Wieso Bali?

Nach dem Erscheinen meines ersten Buches „Balistan" wurde ich öfter gefragt, warum ich *Bali* heiße. Das sei ja kein richtiger georgischer Name, und so ist es auch. Bali ist kein Name, hat aber trotzdem eine Bedeutung, denn es ist das georgische Wort für *Kirsche*.

Nun habe ich aber der Kirsche sicherlich nicht meinen Spitznamen zu verdanken. Als Steinobstallergiker wäre das der glatte Hohn. Mit mir ist also leider nicht gut Kirschen essen. Nein, mit der Kirsche hat Bali nichts zu tun.

Ende der Neunziger, als das Internet für jeden zugänglich wurde, fing auch ich an, mich in diversen Chats und Foren aufzuhalten. Um anonym zu bleiben, suchte man sich einen passenden Online-Namen. Ich brauchte nicht lange zu überlegen, denn ich mag zwei Dinge ganz besonders. Erstens: Wale. Zweitens: das türkische Wort für Wal, *Balina*.

Das Wort ist übrigens ein Lehnwort aus dem Französischen: *La baleine*.

So wurde *Balina* mein Online-Name; in zahlreichen Variationen, mit Zahlen oder Buchstaben kombiniert.

Das war den meisten Usern jedoch zu lang, und so wurde schnell *Bali* daraus. Aus online-Freunden wurden offline-Freunde, und so geschah es, dass mein Spitzname es von der digitalen in die reale Welt schaffte.

Also heiße ich nun so. Und wenn ihr mich seht und laut „Bali" ruft, werde ich mich garantiert umdrehen, denn ich habe mich längst daran gewöhnt, trotz Allergie und Untergewicht, zum kirschenessenden Wal geworden zu sein.

Der Wolf im Kalbspilz

Herbst 2017. Ich sitze beim Hausarzt und bin gespannt auf die Diagnose. Vor zwei Tagen war ich in der Apotheke, da ich von Tag zu Tag mehr Flecke auf der Haut bekam, die nicht nur rot und rund waren, sondern auch extrem juckten!

Rückblick:
Seit zwei Wochen hütete ich bei mir drei Katzenwelpen, die ich meinem Katzenverein aufgrund von Platzmangel abnahm. Ich lernte, mit der Babyflasche umzugehen und freute mich über die langsame Gewichtszunahme der niedlichen Zwerge. Auch konnte ich sie recht bald auf Kitten-Nassfutter umstellen, was bedeutete, dass ich nicht mehr nachts aufstehen musste, um eine Flasche warm zu machen.
Anfangs nahm ich die Kleinen gern eine Weile in den Ausschnitt meines Pullovers, um ihnen Körperwärme zu geben und sie auch an uns Menschen zu gewöhnen, damit sie später gut vermittelbar sind. Mit ihren kleinen Krallen stützten sie sich ab, und ich bekam winzige Risse in der Haut, die aber nicht schmerzten, sondern völlig normal aussahen.

Kein Vergleich mit den Kratzern meiner großen Fellnasen, die gern mal eine Länge von 2-4 cm haben.

Irgendwann bemerkte ich, dass sich aus einem der kleinen Kratzer eine Art rote, runde Fläche bildete, die ich, ganz selbstvergessen, gelegentlich kratzte. Die Fläche wurde größer, und auch der Juckreiz nahm zu. Dann stellte ich fest, dass ich nicht nur am unteren Halsende diesen roten Ausschlag hatte, sondern plötzlich auch Flecke auf dem linken Arm. Und zwar mindestens drei Stück!

„Das ist ein Pilz!" sagte mein Apotheker sofort, als er mir fachmännisch erst in den Ausschnitt und dann auf den Arm guckte. Ich bekam eine Pilzsalbe und fing an, mich einzucremen.
Der Juckreiz wollte aber nicht aufhören, und ich wiederum wollte mit dem Kratzen nicht aufhören, und so wurden die roten Kreise größer und größer, bis ich beschloss meinen Hausarzt aufzusuchen.

„Das ist Kälberflechte!", sagte er mir, nachdem auch er alle roten Kreise fachmännisch begutachtet hatte.

Er verschrieb mir eine weitere Pilzsalbe, denn es handelte sich tatsächlich um einen ziemlich ansteckenden Pilz, genauer gesagt, um eine Zoonose. Eine Zoonose ist eine Krankheit, die vom Tier auf den Menschen übergehen kann. Und umgekehrt. Bis dato hatte ich damit nichts zu tun gehabt, nicht einmal die selten auftretenden Innenparasiten meiner Katzen schafften es zu mir, aber die winzigen Krallen der Katzenwelpen haben mich um eine völlig neue Krankheit bereichert!

Den Namen der Krankheit konnte ich mir anfangs nicht merken, und so schmierte ich mein „Fleckenfieber" ein oder kratzte meine „Beulenpest" auf, und die Wortspielerei wurde dann zum Running Gag bei uns zu Haus.

Als mein Mann seinen freien Tag hatte, wollten wir furchtbar gern in die Sauna, und anfangs war ich mir nicht sicher, ob ich das mit meinem „Kalbsgeschnetzelten" wirklich riskieren sollte.

Dann aber fiel mir ein, dass ich vor einigen Jahren ein sehr übles Ekzem in der Innenhand hatte, welches einfach nicht verschwinden wollte. Als dann jedoch meine Hände eine Zeit lang sehr oft mit Wasser in Berührung kamen, verschwand das Ekzem völlig!

Schlimmer kann es ohnehin nicht werden, dachte ich, und wir fuhren in die Sauna. Tatsächlich nahm der Juckreiz hinterher rapide ab.

Einen Tag später fuhr ich mit meinem Kater Ramses zum Tierarzt und befragte auch ihn zum Thema „Kälberflechte". Er bestätigte mir, dass viel Wasser durchaus hilft, den Pilz zu bekämpfen. Zusätzlich empfahl er Kernseife und riet mir, die Stellen großflächig und regelmäßig einzusalben.

Ramses und ich fuhren nach einem langen und anstrengenden Tag nach Hause. Kaum war ich in der Tür, begrüßte mich mein Mann mit der Aussage, dass er nun auch die „Brüllaffenräude" hätte. Ich brach noch im Flur vor Lachen zusammen und auch mein Mann konnte sich der Komik nicht entziehen.

Also juckten, kratzten und schmierten wir weiter. Der „Rinderwahnsinn" hielt tatsächlich noch über zwei Monate hartnäckig an uns fest.

Was aus so einem harmlosen Kratzer alles werden kann - ein echter Wolf im Kalbspilz!

Fehlfarbe

„Der ist es!", sagte ich zu meinem Mann und zeigte auf ein Photo mit einem rötlichen Kater. Laut Beschreibung hieß er „Diego" und wurde in Varna seitens eines bulgarischen Tierschutzvereins von der Straße gerettet.

Zwei Monate später zog Diego, der den Namen *Ramses* bekam, bei uns ein. Ramses war in der Tat ein rötlicher Kater, aber nicht so wie unser Titus, der gemeinhin als rot eingestuft wird, wobei ich finde, dass alle roten Katzen eher orange sind. Ramses hingegen ist sehr viel heller als Titus und hat uns am Anfang viel Kopfzerbrechen beschert, da wir diese Farbe nicht einzuordnen wussten.

Als wir mit Ramses das erste Mal beim Tierarzt waren, mussten wir einige Zeit im Wartezimmer verbringen. Mit großem Interesse schauten andere, wartende Tierbesitzer in unsere Transportbox und die Diskussion ging in eine neue Runde.

„Der ist ja süß. Und was ist das für eine ungewöhnliche Farbe!", rief eine Frau entzückt.

„Die Frage haben wir uns auch schon gestellt", grinste ich und bevor ich mich weiter über unsere Einschätzungen auslassen konnte, kommentierte ein Mann mit angestrengtem Blick in die Box: „Der ist beige! So einen hatten wir auch mal." Das wiederum konnte eine andere Frau so gar nicht akzeptieren: „So eine Farbe nennt man hellbraun!", dozierte sie. Mein Mann und ich sahen uns an und schmunzelten. „Ist das nicht eher ein helles orange?", schob ich vorsichtig ein, doch davon wollte niemand etwas wissen. Das sei weder rot, noch orange, belehrte man mich gutmütig, und überhaupt, die ganzen Weiß-Anteile, die der Kater hätte! Und so ging die Debatte weiter, bis wir mit Ramses an der Reihe waren.

Wieder zuhause angekommen, schlug ich mir an die Stirn. Ramses hatte ja einen bulgarischen Pass, in dem sein Alter, seine Gattung, sein Name und ja auch seine Farbe stehen musste. Jetzt war ich wirklich gespannt, für welche Farbe sich die Bulgaren entschieden hatten.

Und tatsächlich. Da stand es. Schwarz auf weiß. Da hätte ich auch wirklich selber drauf kommen können.

Der Kater ist .... oringe!

СНИМКА НА ЖИВОТНОТО
(по избор)

PICTURE OF THE ANIMAL
(optional)

1. Име / Name*: _DieGO → RAMSES_
2. Вид / Species: _cat_
3. Порода / Breed*: _mix_
4. Пол / Sex: _male_
5. Дата на раждане / Date of birth*: _19.10. 12_
6. Цвят / Coat color: _oringe_
7. Забележими или отличителни особени белези /
Noticeable or distinctive special characteristics: ____

Blackout

Auch zwei studierte Menschen sind eben nur Menschen!

Mein Mann und ich gucken eine Quiz-Sendung. Es geht um die Fernsehserie *Miami Vice*. Man sieht Don Johnson im weißen Jackett auf seinem Ferrari sitzend, und der Kandidat im Fernsehen soll eine Fachfrage zu der Serie beantworten. Nachdem die Frage beantwortet wurde, beschäftigt mich da noch etwas. Allerdings nicht, ohne mein Gehirn vorher komplett auszuschalten.

Ich: „Wo wurde die Serie damals eigentlich gedreht ... San Francisco?"

Mein Mann war so nett, sein Gehirn ebenfalls im Fundbüro abzugeben, und er antwortete:

„Durchaus möglich. Liegt San Francisco denn in Miami?"

Alkohol

Ich stand schon viel zu lange auf dem Bremer Hauptbahnhof. Mein Zug hatte massive Verspätung, und mir war langweilig. Gleichzeitig hatte ich einen Ohrwurm von einem Lied, das ich aber lange nicht gehört hatte. Herbert Grönemeyer: Alkohol. Und während ich den Bahnsteig auf und ab spazierte, gingen mir die bekannten Zeilen durch den Kopf:

„Alkohol ist dein Sanitäter in der Not, Alkohol ist dein Fallschirm und dein Rettungsboot. Alkohol ist das Drahtseil, auf dem du stehst, Alkohol ist das Schiff, mit dem du untergehst."

Und dann das Ganze wieder von vorne. Immer die gleichen vier Zeilen. Obwohl das Lied wirklich toll ist, ging mir das nach ein paar Minuten gewaltig auf den Keks. Da ist doch noch mehr drin, Herbert, dachte ich so bei mir und ließ mein Gehirn mal machen.

Alkohol ist das Gift, das du dir einverleibst.
Alkohol ist der Schlamm, in dem du steckenbleibst.
Alkohol ist der Kuchen, der sich bitter rächt.
Alkohol ist nur anfangs gut und später schlecht.

Alkohol ist der Fahrstuhl, der ins Leere saust.
Alkohol ist die Bruchbude, in der du haust.
Alkohol ist der Sturm, der dich zu Boden reißt.
Alkohol ist der Grund, dass du auf alles scheißt.

Alkohol ist der Sinn, der keinen Sinn ergibt.
Alkohol ist das Bier, das man dazwischenschiebt.
Alkohol ist der Pfad, der bald zum Abgrund wird.
Alkohol ist der Spuk, der deinen Geist verwirrt.
Alkohol schafft dir Freunde und auch wieder nicht.
Alkohol schafft es, dass die Ehe ganz zerbricht.
Alkohol ist das Unkraut in dem Blumenbeet.
Alkohol ist das Virus, das man runterlädt.

Alkohol sorgt dafür, dass du dein Kind nicht siehst.
Alkohol ist der Grund, dass jede Tür sich schließt.
Alkohol ist das Salz, das jede Suppe sprengt.
Alkohol ist der Wagen, der sich selber lenkt.
Alkohol ist das Geisterschiff auf hoher See.
Alkohol ist das Hühnerauge an dem Zeh.
Alkohol ist das Fahrrad mit dem platten Fuß.
Alkohol macht aus deinem Hirn Bananenmus.

Alkohol ist der Schluckauf in dem Ruheraum.
Alkohol ist der Endlosfall in deinem Traum.

Alkohol ist die Bombe, die ganz leise tickt.
Alkohol ist die Nadel, die nur Löcher strickt.
Alkohol ist das Karies in deinem Zahn.
Alkohol ist der Endbahnhof für deine Bahn.

Apropos Bahn – ich muss los!

Der Zaunkönig

Dreieinhalb Jahre hatte ich einen selbstgemachten Zaun im Garten stehen, der in drei Richtungen (vorne, links und rechts) mein Grundstück von denen der Nachbarn abgrenzte. Nach hinten endet der Garten an der Rückwand des Schuppens. Dort bestand keine Gefahr, dass sich einer meiner Stubentiger in diese Richtung aus dem Staub machen könnte.

Der Zaun war eigentlich kein richtiger Zaun. Als Zaun diente die Hecke, die allerdings nicht sehr dicht war und eine Katze ohnehin nicht aufhalten konnte. Ich wollte aber nicht, dass unsere Fellnasen das Grundstück verlassen können und heckte damals folgenden Plan aus:

Man nehme ein paar Stahlrohre und hämmere sie im Abstand von etwa 1.5 Metern in die Erde. Daran befestige man Katzennetz und wickle das Netz unten am Boden in Holzfähle ein, die links und rechts mit Ziegelsteinen gesichert werden.

Katzen müssen beim Absprung nämlich ihren Landeplatz sehen, und um die Kurve springen können sie auch nicht wirklich.

Diese Konstruktion hielt, wie gesagt, dreieinhalb Jahre und hatte nur eine Höhe von einem Meter! Wir lebten glücklich, friedlich und vor allem sicher!

Dann kam der Tag, an dem mir die Hecke zu dünn wurde. Man konnte zu den Nachbarn herübergucken und ihnen quasi die Grillwurst vom Teller klauen und umgekehrt natürlich auch. Mir war das nichts mehr, und ich beschloss zu handeln. Ein echter Zaun muss her. Aus Holz, hoch und glatt, damit die Katzen sich daran nicht hoch hangeln können.

Der Zaun wird gebaut, etwa 1,70 Meter hoch, aus Holz. Und glatt. Stolz betrachte ich ihn und lasse die Katzen in den Garten. Nike und Ramses sind wie immer, spielen im Gras, Ramses fängt ein paar Fliegen, dann gehen sie wieder rein.

Titus sitzt vor dem Zaun und sieht ihn lange an. Sehr lange ...

Als mein Mann abends nach Hause kommt, betrachtet auch er lange den Zaun. „Hmmm, ich weiß nicht ... sehr hoch ist das ja nicht ...", fängt er an. Boah, dieser Miesepeter, denke ich, doch dann fällt mir ein, wie vor fünf Jahren auf der Terrasse unseres damaligen Hauses in Nordfriesland der dicke, rote Nero, der damals neun Kilo wog, den zwei-Meter-hohen Zaun, den wir aus Kaninchendraht bastelten, mit elfenhafter Grazie bestieg und überwand. Was habe ich damals geschwitzt!

Noch später am Abend sitzen wir auf der Terrasse und genießen das neue abgeschirmte Gefühl. Keine Nachbarn mehr, die unsere Essgewohnheiten verfolgen, und das Radio können wir nun auch anmachen. „Komisch, dass Titus gar nicht mit uns draußen ist", sage ich zu meinem Mann, „der würde doch um diese Zeit auf meinem Schoß sitzen."

Eine Stunde später ist uns alles klar. Draußen ist Titus nicht und drinnen ist er auch nicht. Mit anderen Worten: Er ist *ganz* draußen. Den Zaun hatte er ja vorhin schon mit den Augen abgemessen.

Wir also sofort los und rüber zu den Nachbarn, die an der Rückseite unseres Gartens wohnen. „Tiiiituuuus", rufe ich, da kommt er auch schon aus dem Gebüsch gekrochen. Ich fange ihn ein, und ab geht es nach Hause.

Na klar, der Zaun ist zwar glatt, aber nicht sooo hoch, und anscheinend bietet er oben genug Landefläche. Das ist ja ganz einfach: Wir bauen eine Schräge dran, so dass Titus – beim Hochspringen – einfach wieder in unseren Garten heruntersegelt.

Das geht aber erst frühestens nächste Woche, und bis dahin ummantele ich am folgenden Tag die Spitzen des Zauns notdürftig mit Katzennetz, so dass Titus – wenn er hochspringt – hoffentlich in das Netz greift, kein Halt findet und abschmiert.

Was soll ich sagen: Wir sitzen abends draußen, Nike und Ramses spielen im Gras und Titus klettert – völlig unbeeindruckt vom Katzennetz – über den Zaun. Natürlich suchen wir ihn sofort, aber er taucht nicht auf. Verdammt, denke ich, ich kann ihn doch nicht die ganze Nacht sich selbst überlassen. Unruhig wälze ich mich im Bett hin und her. Gegen 3:30 gehe ich runter und raus auf die Terrasse: Da sitzt er und möchte rein. Gott sei dank. Er schafft es also auch über den Zaun wieder zurück.

Ein paar Tage lang habe ich ihn nur tagsüber auf die Terrasse gelassen, da er ja nur spät abends über den Zaun klettert. Und dann ist es soweit: Auf dem Zaun wird die Schräge angebracht, schön im 45-Grad-Winkel, so dass Titus durch sein eigenes Gewicht wieder heruntergezogen wird.

Das geht auch gut. Genau zwei Tage lang. Dann bin ich abends unterwegs, um meine Tante zu suchen, die wiederum aus *ihrem* Heim ausgebüxt ist, während mein Mann von der Arbeit nach Hause kommt. Er ruft mich auf dem Handy an, um zu wissen, wo ich um diese Uhrzeit noch sei. „Bin beim Pflegeheim. Tantchen war weg. Ist diesmal ziemlich weit gelaufen. Vier Kilometer vom Heim entfernt haben wir sie gefunden ...“ „Dann kannst du hier gleich weitermachen,“ unterbricht mein Mann mich, „der Titus ist auch weg.“

Das ist ja wohl der Gipfel! Ich eile nach Hause, und wir starten sofort eine große Suchaktion, inklusive aller Nachbargärten. Dann entdeckt mein Mann ihn: Er sitzt genau hinter dem Zaun vor der Hecke.

Natürlich kommen wir da nicht an ihn ran, weder von unserer Zaunseite, noch von der Nachbarseite, denn da ist ja die Hecke zwischen. Es ist zum verrückt werden.

„Lass uns überlegen", schnaufe ich erschöpft, während es draußen immer dunkler wird, „wir müssen ihm was hinstellen, damit er wieder über den Zaun kommt. Denn durch die Schräge wird er ja nun abrutschen."

Wir bereiten einen Gartenstuhl vor, den wir mit einer Schnur versehen, um ihn am Zaun herunterzulassen und nach geglückter Aktion wieder hochzuziehen. Der Stuhl ist wackelig, zu niedrig, und irgendwie glaube ich nicht an den Erfolg. Da fällt mir die Leiter im Schuppen ein. Sofort holen wir sie, klappen sie aus und lassen sie hinter dem Zaun zu Titus herunter. Der ist natürlich durch das Gepolter und Gelärme so verschreckt, dass er sich tiefer in die Hecke bohrt. „Mehr können wir nicht machen", sage ich bedrückt und wir gehen kurz vor Mitternacht endlich schlafen. „Er ist gechippt .... die Nachbarn kennen uns alle ....", wälze ich noch die letzten Gedanken durch mein Hirn, dann schlafe ich endlich ein. Gegen 3:30 bin ich wieder wach, weil die Blase drückt.

Ich gucke mich im Zimmer um, und juhuuu, da liegt Titus in seinem Körbchen und schläft tief und fest.

Mein Mann hat über die folgenden zwei Wochen an die obere Zaunschräge noch kleine Holzlatten gehämmert, an denen er dann das Katzennetz befestigt hat. Bis die Konstruktion fertig war, ist der umtriebige Titus jeden Abend drüber und hat sich bei den Nachbarn im Schuppen zum Schlafen gelegt, um erst in den frühen Morgenstunden heimzukehren. Allerdings ist er auch ziemlich krank geworden; eine schwere Bronchitis plagte ihn, die ohne Antibiotika nicht verschwinden wollte. Daher war ich ganz froh, als nun alles im oberen Teil des Zauns mit Katzennetz umspannt war.

Natürlich hat Titus sofort einen Versuch gemacht, darüber zu kommen und ist tatsächlich am Katzennetz gescheitert.

Aber Katzen sind Gott sei Dank Gewohnheitstiere! Und so begnügte sich Titus alsbald mit dem eigenen Garten.
Kurz darauf wurde er schwer herzkrank und hatte nicht mehr die Kraft auch nur ansatzweise über den Zaun zu steigen.

Doch bis heute, wann immer ich im Garten stehe und auf den Zaun schaue, sehe ich Titus vor meinem geistigen Auge: Wie er Maß nimmt, sich abdrückt und grußlos über den Zaun verschwindet.

Fastenzeit

November 2017. Papi ist bei uns zu Besuch. Es ist Sonntag, und er hat sich gerade ein großes Stück Kuchen auf den Teller gelegt. Während unserer Unterhaltung erwähne ich, dass wir nächsten Freitag alle zusammen Chinesisch essen gehen wollen. Papi schaut irritiert von seinem Kuchen auf:

„Und was heißt das für mich? Ich soll jetzt nichts mehr essen?"

Es ist spätabends. Ich beschließe, ins Schlafgemach zu gehen, um noch zu lesen. Mein Mann bleibt vor dem Fernseher sitzen. Ich will gerade durch die Tür, da ruft mein Mann mir hinterher:
„Wann frühstücken wir denn morgen?"

Ich drehe mich um, komme ins Zimmer zurück und sage:
„Am besten so wie heute, oder?"

Mein Mann wird leicht nervös. Er kann mit solchen Antworten nichts anfangen, und eigentlich weiß ich das auch. Aber aus irgendeinem Grund funktionieren meine Antennen in diesem Moment überhaupt nicht. Noch behält er die Ruhe und fragt:
„Und wann haben wir heute gefrühstückt?"

Ich merke immer noch nichts und verfolge meine selbst gebaute Sackgasse weiter:
„Das weiß ich doch nicht mehr. Warte mal ... wir sind uns gegen 10:00 im Flur begegnet, erinnerst du dich? Du kamst aus dem Bad oder wolltest da rein. Ich wollte gerade los, zum Brötchen holen ... aber wie spät das war, weiß ich nicht mehr.

Aber ich weiß noch, dass wir um **12:30** fertig waren.‟

Mein Mann steigt innerlich noch mehr aus. Inzwischen fange ich aber an, etwas zu merken:
„Aber das hilft dir jetzt nicht weiter, oder?‟

Mein Mann schüttelt nur mit dem Kopf. Dann sagt er gequält:
„Ich frage ja nur, damit das mit der Sauna hinterher noch zeitlich passt.‟

Meine Antennen gehen prompt wieder aus.

„Also wir müssen ja nicht unbedingt in die Sauna. Wenn dir das irgendwie zu viel wird....‟

„Doch!!‟

„Wir sehen das doch morgen,‟ sage ich verwirrt, am Ende meiner eigenen Sackgasse stehend, „also wenn wir so gegen **10:00** Uhr aufstehen....‟ ich drehe mich zum Gehen. Mein Mann ist völlig hinüber.

Dann ist mir schlagartig alles wieder klar. Ich stehe direkt vor meinem Göttergatten und sage laut und deutlich:

„Wir frühstücken um 11:00 !"
„Ja!!!"

Ich starre ihn an. Und er mich. Dann brechen wir in lautes Gelächter aus.

Brotlage!

Papi während der Corona-Krise. Als über Achtzig-jähriger darf er – nach den örtlichen Bestimmungen – nicht das Haus verlassen. Somit kümmert sich mein Bruder um die Einkäufe. Der wiederum lebt aber weiter weg, und so kommt es zu wöchentlichen Großeinkäufen, die mein Vater zwar zu schätzen weiß, aber ...

Ich habe Papi am Telefon, um den aktuellen Stand zu erfahren. Er erzählt mir, das er neulich ausgebüxt sei, sprich, sein Dorf verlassen hat, um einen Tag in der Strandvilla zu sein, zwecks Kontrolle der Häuser und kleinerer Reparaturen. Abends in der Dunkelheit fuhr er dann heimlich wieder in sein Dorf zurück. Aber es geht nicht nur um die Häuserkontrolle, wie ich bald erfahre:

„Ich muss auch mal wieder vernünftig einkaufen. Das ist zwar schön, dass mein Sohn mir alles, was ich brauche, holt, aber mal unter uns: Die Zwiebeln, die er holte, waren wässrig und geschmacklos. Der Knoblauch war hohl. Ich möchte meine Einkäufe selber machen. Du weisst doch: mein Gemüse kaufe ich in dem einen Laden, mein Obst in dem Anderen. Und bei meinem Brot wird es richtig speziell. Ich habe nun mal meine festen Anlaufpunkte! Und ich trage immer Gesichtsschutz und Handschuhe und halte überall Abstand. Aber die Polizei kontrolliert, dass Menschen wie ich zu Hause bleiben. Wer soll denn die Sachen, die ich haben möchte, für mich einkaufen? Soll ich bei der Polizei anrufen, ihnen eine Liste durchgeben, damit die das für mich machen? Die kaufen mir doch garantiert das falsche Brot!"

Abgelaufen!

Ich komme von einer Bulgarien-Reise zurück. Mein Vater ist bereits seit ein paar Tagen geschäftlich in Deutschland und wohnt in unserem Haus. Papi frühstückt gerade, als ich mit meinem Koffer durch die Tür komme.

Wir begrüßen uns, ich schnappe mir einen Becher mit Tee und will mich zu ihm setzen, da bemerke ich den Dreck in der Bude. Mein Mann ist zu diesem Zeitpunkt schon auf der Arbeit.

Ich: „Hier sieht es ja aus. Da hätte er ja vor meiner Rückkehr ein bisschen putzen können."
Papi: „Ich habe mich da nicht eingemischt. Wirst du mit ihm schimpfen?"
Ich: „Natürlich werde ich mit ihm schimpfen!"
Papi: „Lass das lieber. Du verärgerst ihn höchstens. Denk dran, du bist fast fünfzig. Dich nimmt doch keiner mehr!"

Kindsköpfe – Teil 1

Ich bin gerade am Schwarzen Meer angekommen.

Die ganze Familie ist beim Abendessen versammelt, da fällt meiner Stiefmutter ein, dass ich ja auch irgendwo schlafen muss. Die Schlafzimmer oben sind alle durch meine Brüder und Nichten belegt. Sie und Papi schlafen unten.

„Was machen wir denn mit Bali?" fragt sie in die Runde, daran denkend, dass ich gerne länger schlafe und lärmempfindlich bin. „Die Kinder stehen ja immer schon um 7:00 auf."
Ich winke ab. „Ich schlafe sowieso drüben in meiner Villa. Keine Umstände bitte."

„Was heißt hier überhaupt *die Kinder*?", fragt mein Bruder Issam grinsend und zeigt auf Papi.

„Dieses *Kind* steht schon um 6:00 auf!"

Entspannung pur!

Fanö, Oktober 2019.
Oh, was habe ich mich auf die sechs Tage auf der Insel Fanö gefreut! Letzte Woche war ich noch ganz spontan bei meiner Familie am Schwarzen Meer, was immer schön, aber natürlich auch anstrengend ist, wenn man alle in sehr kurzer Zeit zu Gesicht bekommen möchte. In den wenigen Tagen vor unserer Abreise nach Dänemark plagte mich noch eine Erkältung, da mein Körper mit der Temperaturumstellung von 25 auf 12 Grad nicht zurechtkam.

Trotzdem schaffte ich es irgendwie, noch zwei fertig geschriebene Bücher auf den Markt zu bringen, bevor ich endlich wieder die Koffer packte.

Eine warme, kuschelige Ferienwohnung – genau das, was ich jetzt gebrauchen kann! Nach einer ereignislosen Fahrt kamen wir früh abends auf Fanö an.

Hmm, so richtig warm ist es hier nicht, stelle ich fest, als wir die Ferienwohnung betreten. Mein Mann findet eine Fernbedienung, die laut ihm zu einer Fußbodenheizung gehören soll und auf 25 Grad eingestellt sei. Das sind im Leben keine 25 Grad, antworte ich stirnrunzelnd. „Dann stelle ich mal auf 30 Grad", sprach der Gatte. Ich nicke nur.

Ich gehe ins Bad. Dort ist es noch kälter. „So kann ich nicht duschen", murre ich leise, finde aber nichts, das nach Heizung aussieht. Aber einen Handtuchheizer gibt es. Ich drehe ihn auf Maximum und hoffe das Beste.

Inzwischen ist es ziemlich dunkel geworden. „Gibt es denn hier kein Licht?", frage ich nun langsam gereizt, und mein Mann schnellt sofort hervor und dreht an verschiedenen Knöpfen.

Wir stellen fest, dass es sich bei allen Schaltern nicht um die klassische Art handelt, sondern eine technisch hoch verspielte Variante, die auch gleichzeitig Dimmer beinhaltet. Wer mich und meinen etwa ein Millimeter langen Geduldsfaden kennt, kann sich jetzt vielleicht bildlich vorstellen, wie ich im Dunkeln von Schalter zu Schalter laufe und überall lustlos draufhaue.

Mein Mann entdeckt in der Zwischenzeit so kleinere Figuren, „Stehrumchen", wie wir sie nennen, die wohl auch teilweise als Lichtquelle dienen sollen. Hoffnung keimt auf! „Die machen wir an", frohlockt mein Mann und geht auf drei dieser Gebilde zu, die Tannenzapfen darstellen und vor dem Fernseher stehen. „Und? Hast du sie nicht anbekommen?", frage ich meinen Mann. „Doch", protestiert er, „die brennen doch!" Ich wähle den Weg der Ironie. „Die sind ja richtig hell; die retten uns!" Der Gatte schweigt.

Während wir auf die Wärme der angeblichen Heizung warten, inspizieren wir die Schlafzimmer. Insgesamt haben wir drei: Zwei haben ganz winzige Fenster, die an Bullaugen auf einem Schiff erinnern, und eins hat riesig große Fenster, mit Blick auf die Terrasse.

„Welches Zimmer möchtest du?", frage ich ganz beiläufig meinen Mann. Auch er hat die Situation natürlich längst erkannt.

„Och, also, ich würde *das* hier nehmen", sagt er und zeigt auf das schönste Zimmer mit den großen Fenstern. „Oder möchtest du lieber ... ?"

„Nein, nein!", wehre ich ab und nehme eins mit den Bullaugen. „Wenn ich Tageslicht sehen möchte, kann ich ja ins Wohnzimmer gehen", schiebe ich betont ruhig hinterher. Es klingt wenig überzeugend.

Mir wird langsam immer kälter, während ich meine Sachen in mein Schlafzimmer räume. Neben dem Bett befindet sich eine große Nachttischlampe. Immerhin ein Lichtblick, denke ich, denn dann kann ich zumindest im Bett lesen, was ich total gern mache! Die Lampe ist nicht eingesteckt, und so suche ich nach einer Steckdose. Nichts. Ich pfeife meinen Mann herbei, der aus seinem luxuriösen Schlafzimmer zu mir herübereilt.

„Hier ist doch eine Steckdose!", sagt er, nachdem er den Schrank von der Wand abgerückt hat, der nun schräg im Zimmer steht. Ich schüttel nur mit dem Kopf. Mein Mann knipst die Lampe an. Nichts. „Die ist wohl kaputt ...", fängt er langsam an, „deshalb war sie wohl auch ausgesteckt."

„Das glaube ich jetzt nicht", fange ich an zu fluchen, und während mein Mann die Lampe genauer untersucht, bemühe ich mich, das Rollo vor dem Bullauge runterzuziehen. Dabei stolpere ich über den vorgerückten Schrank und zerreiße mir meinen rechten Hausschuh.

Genervt ziehe ich an dem winzigen Rollo. Das Rollo bewegt sich nicht. Ich ziehe stärker. Und knack! Da habe ich es auch schon halb aus der Halterung gerissen.

„Was ist das denn jetzt?", schimpfe ich und halte mit einer Hand das Rollo fest, damit es nicht ganz herunterkommt. Dabei muss ich mich arg verrenken, da der Schrank davor ja schräg im Zimmer steht. „Man sieht hier aber wirklich überhaupt nichts", fluche ich weiter und schaue auffordernd zu meinem Mann herüber, der ja noch die kaputte Lampe in der Hand hält.

„Sooooo", sagt mein Mann betont ruhig, und ich kann regelrecht hören, wie er in seinem Kopf eine Kalaschnikov zusammenbaut, „dann schaue ich mir das doch mal an." Er kommt langsam rüber, legt die kaputte Lampe weg und nimmt mir übertrieben behutsam das Rollo ab.

Er bastelt es wieder in die Halterung, Dann schaut er mich fragend an, nach dem Motto:
Habe ich jetzt fünf Minuten zum durchatmen oder möchtest du noch etwas kaputtmachen? Wie in unserer Ehe üblich, kann keiner von uns in dieser Situation noch länger ernst bleiben, und wir kullern die nächsten Minuten lachend herum.

„Puh, ist das kalt", stöhne ich immer wieder. Inzwischen ist auch mein linker Hausschuh zerrissen, so dass ich nur auf Socken unterwegs bin. Der Boden ist eiskalt. „Das sind keine 30 Grad!", sage ich und bin nun fest entschlossen, der Sache selbst auf den Grund zu gehen. Ich gehe rüber zu dieser Klimaanlage, die hoch oben über der Tür des Schlafzimmerpalastes meines Mannes hängt und schaue konzentriert herauf. Mein Mann gibt mir schulterzuckend die Fernbedienung, in der tatsächlich 30 Grad angezeigt werden. „Die muss erst eingeschaltet werden!", sage ich plötzlich und halte die Fernbedienung nach oben, Richtung Heizung. Ein Geräusch ertönt. Ein Licht blinkt. Drei Minuten später kommen warme Wellen auf uns herunter. Wie die Eingänge bei Kaufhäusern im Winter, sage ich glückselig zu meinem Gatten und stelle mich minutenlang darunter.

Voller Stolz, das Hauptproblem gelöst zu haben, mache ich mich an das Abendessen, Spaghetti mit Pesto. Es ist immer noch dunkel, und ich sehe nicht wirklich, was ich da koche. Mein Mann findet zwar ein sehr helles Licht, direkt im Küchenbereich, und wir wollen gerade zum Jubeln ansetzen, da geht es automatisch wieder aus. Das ist High-Tech. Wir grinsen.

Besteck finde ich auch keins. Wieder eilt mein Mann zu Hilfe, und nach einiger Zeit des Suchens deutet er triumphierend auf eine versteckte Schublade voller Besteck. Ich nicke anerkennend. Dem Essen steht nun nichts mehr im Weg.

Wir machen es uns mit unseren Tellern am Esstisch gemütlich. Ich kaue genüsslich auf den viel zu weichen Nudeln herum und merke jetzt, wie müde ich bin.

Mit einer Hand deute ich auf die umliegenden Ferienwohnungen, die so hell sind, dass dort locker eine Boeing **747** landen könnte.

„Wieso ist das bei denen so hell? Wie haben die das gemacht?", frage ich leise, während mir langsam die Augen zufallen. „Die haben wohl Licht dazu gebucht", sagt mein Mann grinsend und drückt   zärtlich   meine   Hand.

Pissen Impossible

Manchmal würde ich zu gern wissen, warum Katzen einen auf die Toilette begleiten. Denken sie vielleicht, dass es gefährlich ist und ohne ihre Aufsicht nicht zu schaffen? Wie muss ich mir das vorstellen? Ich wünschte, ich könnte in die Katzenhirne reinschauen. Da ich das aber nicht kann, bleibt mir nur die reine Spekulation.

Katze 1

Hey, alles aufwachen! Sie steht auf. Beobach-
tungsposten einnehmen!

Katze 2

Sie geht Richtung Bad. Es wird also ernst: Du
kommst mit mir. Und du bleibst an der Tür.

Katze 3

Ich will aber mit rein ...

Katze 2

Na schön, aber dann beeil dich. Sie ist schon im
Flur!

Katze 4

Und was ist mit uns?

Katze 2

Ihr bleibt als Back-Up hier. Falls wir das alleine
nicht schaffen, brauchen wir euch mit frischen
Kräften.

Katze 5

Verstanden!

Katze 1
Sie sitzt. Einen Kreis bilden und anstarren ... auf drei. Eins, zwei, drei!

Katze 3
Das dauert ja ewig ...

Katze 2
Läuft doch alles nach Plan. Das sind mindestens zwei Liter, der Zeitspanne und den Geräuschen nach.

Katze 1
Eben. Gut, dass wir da sind. Alleine hätte sie das doch nicht hinbekommen. Na, hoffentlich war es das für diese Nacht.

Katze 3
Sie ist schon beim Abputzen, oder was auch immer das sein soll.

Katze 2
Keine Details bitte.

Katze 5 (aus dem Schlafzimmer)
Kommt ihr zurecht?

Katze 1

Null problemo. Wir sind gleich zurück. Moment … wo will sie denn jetzt hin?

Katze 3

Sie geht Richtung Katzenklo. Das neben der Badewanne.

Katze 1

Was? Jetzt? Dann aber hinterher. Und immer schön um die Beine schlängeln. Jetzt nicht schlapp machen! Ypsilon-Formation!

Katze 3

Wer hat denn in das Klo gemacht? Sie hat mindestens zwei Klumpen rausgehoben.

Katze 4 (aus dem Schlafzimmer)

Also ich sicher nicht. Ich habe extra in die Wanne geschissen!

Katze 1

Achtung, sie schlurft zurück ins Bett. Bleibt dicht vor ihr. Nicht, dass sie jetzt noch stolpert.

Katze 2

Puh, geschafft. Immer diese Aufregung mitten in der Nacht. Gähn!

Katze **1**
Rückzug! Alle zurück ins Bett. Dann versuchen wir mal, eine Mütze Schlaf zu bekommen.

Katze **5**
Keine Sorge. Sollte noch was sein, übernehmen wir. Ruht euch erst mal aus.

Albtraum

Freitag den 16. Oktober 2020. 17:23 Uhr.
Die letzten 19 Stunden waren der blanke Horror,
und ich stehe immer noch unter Schock.

Gestern, **22:20.**
Ich gehe hoch in mein Arbeitszimmer, um meiner Pflege-Igelin Bianca etwas Trockenfutter zu geben. Da sehe ich, als ich mich nach rechts drehe, Nike auf dem Boden liegen. Einfach so. Ich rufe sie, sie reagiert nicht. Ich gehe zu ihr hin, sie reagiert nicht. Und das tut sie sonst immer. Ich hebe ihren Kopf hoch. Ihre Zunge hängt seitlich raus. Dann sehe ich unter ihr eine Urinpfütze. Mir ist sofort klar, dass Nike tot ist.

Noch eine Stunde vorher war sie unten und miaute. Wie immer um die Zeit fordert sie ihr Lieblingstrockenfutter ein. Ich stehe automatisch auf, gehe in den Waschraum und streue ihr etwas hin. Dann mache ich die Tür zu. Sonst kommen nämlich die anderen Katzen und fressen ihr alles weg. Und sie wehrt sich ja nie, sondern flüchtet dann immer.

10 Minuten später mache ich die Tür wieder auf. Sie hat kaum etwas angerührt und saß schon hinter der Tür. Ich mache ein erstauntes Gesicht, sie geht an mir vorbei, wieder nach oben, ins Arbeitszimmer, auf ihre Lieblingsdecke auf der Kommode.

Noch eine Stunde davor hatte ich sie gebürstet. Sie liebt das sehr. In letzter Zeit kam sie kaum noch nach unten, höchstens um ein bisschen zu fressen und kurz auf der Couch neben mir Platz zu nehmen, doch selbst das tat sie die letzten Tage nicht mehr. Aber das bürsten fand sie immer toll. Sie schnurrt dann wie ein Weltmeister und reibt ihr Köpfchen an meiner Hand. Das war immer unser gemeinsamer Moment. Jeden Tag.

Unten bette ich Nike auf. Dann stehe ich einfach nur fassungslos da. Titus kommt als erster und schnuppert an ihr.

Titus ist extrem sensibel in solchen Situationen. Ich weiß noch, wie lange er neben Nero saß, als ich ihn aufbettete und wie Neros Tod ihn nachhaltig verändert hat.

Auch Ramses merkt, dass etwas nicht stimmt und will auf meine Schulter. Dort bleibt er minutenlang sitzen und reibt sein Gesicht in meine Haare. Ich sitze wie versteinert auf einem Stuhl. Später kommt auch Pepe und möchte auf meinem Schoß sitzen. Sonst geht er nach drei Minuten wieder runter, weil er irgendwo etwas spannendes entdeckt hat. Gestern blieb er einfach sitzen. Nur Monk war nicht zu sehen.

Nachdem ich die für mich wichtigsten Leute telefonisch informiert und auch mit meiner netten Bestatterin einen Termin für morgen gemacht habe, gehe ich rauf. Nike lasse ich unten auf der Couch, damit alle Katzen sich in Ruhe verabschieden können.

Ramses liegt in seinem Körbchen auf meinem Bett. Titus kommt auch ins Bett, als er sieht, dass ich schlafen gehe. Ich streichel ihn über seinen Kopf. Er schnurrt laut. An Schlaf ist diese Nacht kaum zu denken. Maximal drei Stunden, danach totale Unruhe in mir. Ich kann nicht fassen, dass Nike so heimlich und leise von uns gegangen ist.

Mein Baby, das schon seit 12 Jahren an meiner Seite ist. Mein Gehirn streikt komplett.

Gegen 8:00 entscheide ich, dass ich hoch muss. Um 15 Uhr habe ich den Termin bei der Bestatterin. Vorher muss ich noch zum Recyclinghof fahren, denn ich hatte gestern Nachmittag mir das Auto vollgeladen, nicht ahnend wie der Tag heute ablaufen würde. Und zu diesem Zeitpunkt ahnte ich auch nicht, dass der Tag noch einmal anders ablaufen würde, als ich es mir je hätte vorstellen können.

Ich stehe langsam auf. Im Bett ist nur noch Titus. Der steht sowieso erst auf, wenn ich aufstehe. Macht er immer so. Seit den acht Jahren, die er bei mir ist. Ich mache mich fertig und gehe runter. Unten liegt Nike auf der Couch. Mein Herz wird mir so schwer, doch zu mehr komme ich nicht, denn Ramses sitzt auf der Couchlehne, faucht laut, hat die Ohren angelegt und langt mit der Pfote nach unten. Bei Ramses eine klare Angsthaltung!
Ich gucke, wem das gilt und sehe Titus. Ich verstehe die Welt nicht mehr. Titus sitzt am Wassernapf und trinkt. Ramses dreht total durch und will Titus nicht vorbeilassen. Jedes Mal, wenn Titus sich bewegt, langt Ramses aus.

Ramses ist der un-agressivste Kater den ich je hatte. Nie würde er irgendein anderes Tier angreifen. Im Gegenteil: er versucht immer, mit allen Freund zu sein. Das ist doch nicht der Ramses, den ich kenne! Was ist da los? Reicht der Kummer mit Nike denn noch nicht?

Plötzlich sehe ich, wie Titus krampft. Dann spuckt er. Trockenfutterbrocken. Gut, das macht er öfter. Besonders dann, wenn er zu hastig gefressen hat. Nicht schön, aber relativ harmlos. Doch Titus hört nicht auf zu spucken. Dann sehe ich, wie ihm die Hinterbeine versagen. Er kann nicht mehr aufstehen. Er liegt platt auf dem Boden und rudert verzweifelt mit den Vorderbeinen. Ich gerate in Panik und komme langsam näher auf ihn zu. Dann sehe ich, wie er Kot verliert, sein Herz rast und er nach Luft ringt.
Ich hänge mich sofort ans Telefon. Im Nachbardorf hat der Tierarzt gerade Sprechstunde. Ich erkläre der Praxis, dass ich in fünfzehn Minuten da bin und dass ich sofort drankommen muss, da mein Kater gerade am Ersticken ist.

Titus in die Transportbox, sofort losgefahren. Auf dem Weg in die Praxis schreit er unaufhörlich, er muss mächtige Schmerzen haben. Ich schreie zurück: „Kämpf, mein Jung, kämpf!!!!"

In der Praxis bin ich auch gleich dran. Die Tier-
ärztin untersucht ihn kurz. Titus schreit immer
noch. Ich erzähle, was alles seit heute morgen
vorgefallen ist und erkläre, dass Titus seit Juni
2019 schwer herzkrank ist.

Sie sagt, was ich nicht hören will. Aber alles an-
dere wäre eine Riesenquälerei geworden. Von
Blutgerinseln war die Rede und von langsamem
Ersticken. Den Rest weiß ich nicht mehr. Es ging
so schnell. 10:15 Uhr, die Sonne scheint. Ich habe
ihn bis zum Schluss gehalten und gestreichelt.

Meine Igelfreundin wohnt ganz in der Nähe. Kurz
bei ihr angehalten und sie vollgeheult. Dann nach
Hause. Titus neben Nike aufgebettet. Ich verstehe
nicht, was seit gestern Abend alles passiert ist. Es
ist ein Albtraum der allerübelsten Sorte.

Ich beschäftige mich. Sauge, mache mein Bett und
noch so Kleinigkeiten. Um 13:45 fahre ich mit
beiden los. Kurzer Stopp am Recyclinghof. Dann
weiter zur Bestatterin.

Mit ihr – wie immer – nett gesprochen und ein
letztes Mal mein Gesicht in das Fell meiner Lieb-
linge gedrückt. Völlig fassungslos wieder ins Auto
gestiegen und nach Hause gefahren. Eine Hand-
tuch-Wäsche angeworfen. Versucht, etwas zu trin-
ken. Auf der Terrasse gestanden, mit einer Ziga-
rette.

An den Computer gesetzt und das hier aufge-
schrieben. Ich bin total leer.
Jetzt ist es **17:52**.

Nachtrag
Ein paar Tage später bin ich zum Grab meiner
Mutter gefahren. Habe mit ihr über die Ereignisse
und meinen Kummer gesprochen und sie am
Schluss gefragt, ob meine Lieblinge bei ihr sind
und ob es ihnen gut geht; denn das ist das Einzi-
ge, was ich mir noch wünsche.
Als ich mich umdrehe, sehe ich einen Regenbo-
gen, der durch die Bäume scheint. Nur drei Minu-
ten. Dann war er wieder verschwunden.

„Danke, Mami. Ich habe verstanden."

Drucker druckt nicht!

Mein Mann und ich sind beide absolute Technik-
Freaks. Wir lieben Technik und verstehen auch
richtig viel davon. Tja, schön wäre es gewesen.
Stimmt natürlich überhaupt nicht. Also erst recht
nicht, wenn es um mich geht. Mein Mann hat we-
nigstens die Geduld, sich in Dinge hineinzufuch-
sen.

Aber als der liebe Gott die Geduld verteilt hat, war ich wohl gerade auf einem anderen Planeten.

Die Ergebnisse der Bluttests meiner Katzen sind gekommen. Per Mail. Prima, die drucke ich mir doch gleich mal aus. Mein Drucker sah das allerdings anders, und schob mir emotionslos ein leeres Papier nach dem anderen entgegen. Na super, denke ich und schaue mir die Dateien genauer an. PDF. Das kann er doch sonst auch. Was will er von mir? Ich ändere ein paar Einstellungen und drucke erneut. Leere Blätter. Ich rufe eine JPEG-Datei auf. Die muss er ja können. Er druckt. Und zwar leere Blätter. Jetzt habe ich genug und rufe meinen Mann herbei.

„Hmm", macht der. „Das kann an der Patrone liegen." „Nee, die ist doch ganz neu!", kontere ich. Mein Mann erklärt sich genauer: „Ja, aber diese Patrone ist keine echte Markenpatrone, dafür günstiger. Bislang haute das ja immer hin. Vielleicht haben wir tatsächlich mal eine schlechte Charge erwischt." Ich muss dazu sagen, dass wir immer nur schwarz-weiß Patronen benutzen, da wir keine Farbdrucke brauchen und die Farbpatronen ja um einiges teurer sind. Man muss halt nur eine leere Farbpatrone mit einlegen, dann ist der Drucker völlig zufrieden.

Nun fummelt mein Mann an dem Drucker herum, allerdings ohne Ergebnis. Dann fummel ich nochmal an dem Drucker herum. Dito.

„Vielleicht ist er auch einfach ganz hinüber", sinniere ich und beschließe, im Fachgeschäft nach neuen Druckern zu gucken. Puh, die können aber alle viel mehr, als ich für meine rudimentären Zwecke brauche. Das wird so nichts.

Also schaue ich bei eBay-Kleinanzeigen. Die Auswahl ist riesig und erschlägt mich, selbst in meinem engsten Wohnradius. Auch das wird so nichts. Ich beschließe, selbst eine Anzeige aufzusetzen:

„Drucker gesucht, muss nur funktionieren, braucht keine großen Extras ... und bitte nur Abholung."

Und dann geschieht das Unvermeidliche: Man bietet mir Drucker zum Versand an. Man bietet mir Drucker über 100 Euro an, die nicht nur drucken können, sondern dich wahrscheinlich auch auf den Mond fliegen. Ich wollte doch nur einen, der druckt, kopiert und vielleicht noch scannt. Hier kam mal wieder meine größte Schwäche durch: Gibt es ein Problem, muss sofort eine einfache Lösung her, ansonsten ticke ich aus.

Wie gesagt, als der liebe Gott die Geduld verteilte, hat mich wohl gerade einer dieser High-Tech-Drucker zum Mond geflogen ...

Jetzt reiß dich mal zusammen, denke ich mir, als ich im Schreibwarenladen stehe, und geh gefälligst einen Schritt nach dem anderen! Gedacht, getan: Ich kaufe mir eine neue Tintenpatrone für den alten Drucker. Diesmal ein Markenprodukt. Zu Hause lege ich sie ein und fange an zu drucken. Der Drucker schiebt mir emotionslos, und beinahe etwas gehässig, zahlreiche leere Blätter entgegen. Na, super. Ich rufe nach meinem Mann.
„Hast du die Folie abgezogen?", fragt er mich. Was denkt er denn? Dass ich immer noch auf dem Mond bin?
Natürlich habe ich die Folie abgezogen, die war ja nicht zu übersehen. Nun ist mein Mann wieder an der Reihe, und ich verziehe mich erst einmal, ziemlich frustriert. Kurz darauf ruft er mich auch schon: „Du hast die Folie NICHT abgezogen!"
Klar habe ich das, sage ich, die war ja groß genug und genau auf der Patrone drauf. Nein, erklärt er mir, das sei eine andere Folie gewesen. Er hätte doch den Streifen gemeint, den man abziehen müsse. Ach herrje, denke ich. Und nun? Mein Mann hält mir die Blätter entgegen:

„Nun schmiert er halt mit der Tinte herum, aber schau mal hier!" Mein Mann hält mir ein Blatt entgegen von einer DOC-Datei. Das sieht doch schon recht vielversprechend aus!

Zwei Tage später setze ich mich wieder an den Drucker und versuche, die Bluttests meiner Katzen erneut auszudrucken, sprich, die PDF-Dateien. Wenn er die DOC-Dateien hinbekommt, dann schafft er die vielleicht ja auch, denn das nicht-Abziehen der Folie hat er mir doch sicherlich inzwischen verziehen.
Der Drucker schiebt mir die Blätter entgegen: irgendein schwaches, schwarzes Gekritzel. Ich bin geknickt. Doch kurz bevor ich die Datei schließen will, entdecke ich etwas im Druckauftrag, das mich fasziniert. Moment …

Eine Viertelstunde später.
Ich gehe rüber zum Arbeitszimmer meines Mannes und halte ihm den Zettel entgegen, auf den der Drucker nur schwach und unleserlich gedruckt hat.
„Ja", sagt mein Mann schulterzuckend. „Ich hatte ja schon gesagt, dass es sein kann, dass der Drucker nicht mehr …"
Ich halte ihm triumphierend den anderen Zettel hin, den ich hinter meinem Rücken hielt.

Der gleiche Druckauftrag, aber vorbildlich und gut lesbar gedruckt. Mein Mann guckt mich überrascht an.

„Da war eine Einstellungsmöglichkeit, wo man den Farbmodus auf *monochrom* umstellen kann", jubel ich ihm entgegen.

„My monochromatic friend.", sagt der Pinguin in einer Szene im Film *Madagaskar,* im englischen Original. Und zu wem sagt er das? Zum Zebra! Und Zebras sind schwarz-weiß! Gut, dass ich den Film gesehen habe, denke ich, während mein Mann sich mit mir freut.

Die Erde hat mich wieder.

Nordisch by nature

Im Regionalzug, auf dem Weg zum Münchner Hauptbahnhof. Mir fällt auf, dass unterwegs regelmäßig Leute in Trachten einsteigen. Schließlich frage ich die beiden Schwaben, die neben mir sitzen:

Ich: „Entschuldigung, wissen Sie warum diese Leute so komisch angezogen sind?"
Die Schwaben lachen.

„Es ist doch Oktoberfest!"
„War das nicht letztes Wochenende?"
Die beiden lachen noch mehr.
„Das ist immer noch. Das geht 16 Tage!"
„Und ich dachte, das sei so eine Art Karneval."
Der Schwabe droht mir grinsend mit dem Finger.

„Vorsicht ....!"

Musikantenstadl

Mein Mann und ich sitzen auf der Couch. Max
Giesinger ist im Fernsehen und singt irgendwas.
Und dann ging es los.

Ich: „ Der erinnert mich immer an den anderen.
Wie heißt der noch ... der, der mit dieser Dings
zusammen ist."

Mein Mann: „?"

Ich: „Na, diese Lena, die beim Grand Prix gewon-
nen hat."

Mein Mann: „Meyer-Landrut."

Ich: „Ja, genau. Die ist mit diesem anderen zusammen ... nicht der Giesinger .... der andere. Wie heißt der denn? Die sehen aber auch alle gleich aus!"

Mein Mann: „Lena Meyer-Landrut ist mit Charlotte Roche zusammen."

Ich: „Jetzt hör aber auf!"

Mein Mann: „Doch! Die hat der sogar einen Song geschrieben!"

Ich: „So ein Quatsch. Mensch, wie hieß denn nun der, mit dem Lena .... Johann ... nee."

Mein Mann: „Johann Oerdinger? Der ist mit Ina Deter zusammen. Äh, ich meinte Ina Müller."

Ich: „Ha! Ich hab´s. Mark Forster!"

Mein Mann: „Lena ist mit Mark Forster zusammen?"

Ich: „Jupp. Ich bringe die ständig alle durcheinander. Da sind ja auch noch die ganzen anderen .... na, zum Beispiel der, der auch für den Grand Prix sang."

Mein Mann: „Max Mutzke?"

Ich: „Neiiiiin! Der andere. Der in Baku. Meine Güte, wie hieß der denn noch ... der mit *Still standing* .... oder so."

Mein Mann: „I´m still standing?"

Ich: „Neiiiiin! Das ist Elton John!" Ich fange an zu lachen. „Ich hab´s gleich ... ah, Roman Lob."

Mein Mann: „Ach so, der. Ich dachte gerade an Tobias Regner."

Ich: „Das war der mit *I still burn*. Und das war auch nicht Grand Prix, sondern DSDS."
(Ich fange an, den Song vorzusingen)

Mein Mann: „Ich habe nie verstanden, warum der Song so gehyped wurde."

Ich: „Och, so schlecht war der gar nicht. Roman Lob fand ich auch nicht schlecht, und den von vor ein paar Jahren, fand ich auch okay."

Mein Mann: „Welchen?"

Ich: „Der mit dem One .. Dings ... of two ... Dings ... we were three kids" (ich singe).

Mein Mann: „and a loving Mum."

Ich: „Ja, genau. Ist der nicht eingesprungen für den, der depressiv war? Wie hieß der noch? Irgendwas mit Schulte?"

Mein Mann: „Ich weiß wen du meinst, aber wie der heißt, weiß ich auch nicht mehr. Der hat so rote Locken."

Ich: „Welcher? Der mit der Loving Mum oder der, der depressiv geworden ist?"

Mein Mann: „Der erstere. Der, der depressiv wurde, hatte eine Brille und einen Vollbart. Wie hieß denn der?"

Wir müssen beide furchtbar lachen.

Ich: „Ich habe keinen Schimmer."

In ein paar Tagen kommen Konzerte aus Wacken im Fernsehen. Da werden wir solche Ausfälle nicht haben. Ganz sicher!

Der Handwerker

Nach einer turbulenten Anreise, mit Zugausfällen und den daraus resultierenden Verspätungen, kam ich gegen Nachmittag ziemlich erschöpft in einem Kurort in Mitteldeutschland an. Ab jetzt nur noch Entspannung! Ich betrat mein 5-Sterne-Hotelzimmer, warf meine Tasche irgendwohin und machte den Fernseher an. Mache ich immer so, wenn ich in ein Hotelzimmer komme. Was da gerade lief interessierte mich aber überhaupt nicht; es ging mir ausschließlich um die beruhigenden Hintergrundsgeräusche. Ich schlufte ins Bad, um zu duschen.

Noch bevor ich die Dusche betrat, hörte ich sanfte Blim-Blim-Musik, die aus dem Fernseher kam. Ach, das ist ja nett, dachte ich, dabei werde ich richtig schön schlafen können. Nach der Dusche hielt mich nämlich nichts mehr auf den Beinen, und ich trollte mich flugs in das einladende Bett. Einen müden Blick warf ich dann doch noch auf den Fernseher. Ein äußerst gutgebauter Mann, in der Kluft eines Handwerkers, wurde gerade von einer sehr hübschen Frau zur Tür hereingelassen.

Gut, Sendungen zum Thema Handwerk waren um diese Uhrzeit nicht unüblich, dennoch passte diese sanfte Blim-Blim-Musik nicht so richtig dazu, fand ich, aber da fielen mir schon die Augen zu.

Als ich zwei Stunden später wieder aufwachte, war der Fernseher aus. Ich hinterfragte das nicht weiter, sondern genoß meine drei Tage Wellness-Aufenthalt in vollen Zügen. Zumindest bis zu dem Moment, wo ich wieder auschecken wollte.

Ziemlich verblüfft schaute ich den Rezeptionisten an. Der „Handwerker" hat meine Hotelrechnung nämlich ganz schön nach oben getrieben! Ich konnte nicht glauben, was ich da hörte!
Wer mich kennt, weiß, dass spätestens jetzt die Geschäftsleitung kommen muss, und so war es auch. Der Chef des Hotels versuchte mich zu beruhigen, denn meine nicht gerade leise Stimme lockte auch andere, herumstehende Gäste an.

Zufrieden zog ich von dannen. Bezahlt habe ich keinen Cent extra. Oder war das etwa mein Problem, wenn das Hotel mit nur einem Knopfdruck jedem Gast irgendwelche „Handwerker" zugänglich macht, die man eigentlich nie bestellt hat?

Tiefdruckgebiete

Heute ist Donnerstag, Anfang August 2021. Viel habe ich nicht auf dem Schirm, da kann ich doch mal wieder rüber zum Friedhof im sechs Kilometer entfernten Nachbardorf fahren, um dort die Wasserschalen für die Wildtiere aufzufüllen. Ein harmloser Tag. Ein perfekter Tag.

Pfeifend hole ich mein Fahrrad aus dem Schuppen. Herrliche Temperaturen: So um die 22 Grad, leicht bewölkt. Ich hatte tatsächlich vorher mal auf das Niederschlagsradar geguckt, doch da war nichts nennenswertes zu sehen. Und ein kleiner Schauer bei den Temperaturen bringt mich nicht um!

Gerade als ich los will, klingelt mein Handy. Es ist Manuela, die ebenfalls Igel pflegt und in meinem Umkreis wohnt. Ob ich einen Igel übernehmen würde, der wohl nichts schlimmes hat, aber sie sei voll, und außerdem würde er erst nach 20 Uhr gebracht werden. Da ich zur Zeit keinen Pflegling habe, diesen Monat nicht verreise und der Fall einfach klingt, sage ich natürlich zu. Jetzt ist es gerade mal 13:30, also kein Problem.

Gemütlich fahre ich los, genieße den leichten Wind, während ich durch die Felder zum Nachbardorf radle. Am Friedhof angekommen, will ich die Gieskanne mit Wasser füllen, doch es kommt kein Wasser raus. Nanu? Ich gehe zur zweiten Wasserstelle, doch auch dort kein Wasser. Hmm, blöd gelaufen, denke ich, da spüre ich leichte Regentropfen auf meinem Rücken. Ich schaue nach oben. Ziemlich graue Wolken. Und einen Donner höre ich. Ich fühle mich plötzlich nicht mehr ganz so gut.

Kaum war ich wieder beim Ausgang des Friedhofs und meinem Fahrrad angelangt, knallt ein Donner fürchterlich laut, und ein Schauer ergießt sich über mir. Mit dem Fahrrad flüchte ich unter einen dicken Kastanienbaum. Das wird ja gleich vorüber sein. Es ist kurz nach **14 Uhr**; da gibt es keine schweren Gewitter, schon gar nicht bei uns hier und erst recht nicht bei den Temperaturen, beruhige ich mich.

Eine halbe Stunde später: Ich bin klitschnass, trotz dickem Kastaniebaums und möchte nur noch nach Hause! Der Regen läßt etwas nach, aber ich sehe weiter hinten pechschwarze Wolken.

Ich fahre besser schnell nach Hause, bevor die mich ereilen, denke ich und schwinge mich auf meinen Drahtesel.

Ich war gerade gut einen Kilometer gefahren, da bricht das nächste Gewitter los! Und ich mitten zwischen den Feldern. Geduckt und voller Angst radle ich bis zu einem Busch, lege das Fahrrad hin und kauere mich unter diesen Busch, damit ich nicht der höchste Punkt bin. Über mir lärmt das Gewitter. Ich weiß nicht, wann ich zuletzt so nass war, also außerhalb der eigenen Dusche.

Nach 30 Minuten habe ich genug. Es donnert zwar noch, aber nicht mehr so laut. Also schnappe ich mir mein Rad und fahre (immer noch geduckt) weiter. Nach einem weiteren Kilometer komme ich an ein paar Häusern vorbei. Inzwischen donnert es wieder lauter. Ich renne zum ersten Haus und klingel. Eine ältere Dame macht mir auf. „Ich wohne im Nachbardorf", sage ich triefend, „und bin auf dem Rückweg ins Gewitter gekommen. Kann ich mich hier irgendwo unterstellen?"

„Ja, sicher. Setzen Sie sich doch auf den Stuhl dort, bei der Häuserwand. Bis dahin kommt der Regen nicht."

Nach einer weiteren halben Stunde (mir läuft das Wasser inzwischen unter den Klamotten durch), wird der Regen so stark, dass er auch vor der Häuserwand nicht halt macht. Ich presse mich an die Hauswand, obwohl das auch nichts mehr bringt. Wenn es nicht so stark donnern würde, wäre ich längst weitergefahren - Regen oder nicht. Die Frau schaut abermals zur Haustür raus. „Sie sind ja noch da", sagt sie. „Bei Gewitter fahre ich nicht gern durch die Felder", antwortete ich zitternd, denn inzwischen war mir furchtbar kalt. Ich stand ja nun quasi buchstäblich seit über 90 Minuten im Regen und wollte einfach nur noch nach Hause.

Die Frau gibt sich innerlich einen enormen Ruck. „Das Gewitter hört gleich auf. Ich bringe Ihnen ein Regencape, dann können Sie weiterfahren. Wenn Sie mir das in ein paar Tagen wiederbringen könnten ... ?"

Ich bedanke mich für das Regencape, ziehe es über. Der Regen ist so stark, dass das Cape schon durch ist, als ich an der Pforte, wo mein Fahrrad steht, ankomme. Es ist mir egal. Ich will nur noch heim.

16:15 bin ich zu Hause. Während ich mich umziehe, klingelt das Telefon. Es ist Manuela. Der Igel würde nicht erst nach 20 Uhr, sondern jetzt schon gebracht werden.

Zehn Minuten später: Ich bin noch halbnackt und habe einen Fön in der Hand - steht ein Mann in der Tür. Mit einem Igel. Der Igel ist massiv unterernährt, apathisch und voller Fliegeneier. Ich muss sofort mit der Behandlung loslegen, wenn der Igel noch den Hauch einer Chance haben soll.

Der Igel verstarb wenige Stunden später. Ich hatte nicht mal eine Erkältung.

Der Handwerker, Teil 2
oder
Ein ehrenwertes Haus

Normalerweise schlafen meine Katzen, zu dem Zeitpunkt Pica und Nike, mit in meinem Bett. Nicht so an einem schönen Samstag Morgen. Als ich langsam wach wurde, sah ich wie beide, ungefähr einen halben Meter von meinem Bett entfernt, an die Decke starrten. Ich folgte ihren Blicken, sah aber nichts. Dann starrten beide vor sich auf den Boden. Dann wieder an die Decke. Gut, zumindest kann es sich nicht um eine Spinne handeln, also muss ich nicht schreiend aus dem Bett springen.

Nach einer Weile begriff ich den Grund für dieses merkwürdige Verhalten meiner Katzenmädchen: Es tropfte von der Decke! Nicht sehr stark, aber immerhin ausreichend, um einen Handwerker zu bemühen.

An dieser Stelle sei kurz erwähnt, dass ich – halb Osteuropäerin – seit etwa einem Jahr in dieser Dachgeschosswohnung in einem sehr guten Stadtteil Hamburgs lebte. Zu meinen Nachbarn hatte ich ein herzliches Verhältnis aufgebaut, welches sich durch nette Gespräche im Garten oder den ein oder anderen Kaffeeplausch auszeichnete. Allerdings sah man mich eher selten, denn entweder arbeitete ich von zu Hause aus oder war im Kaukasus unterwegs. Ich erkläre das nur, um die gleich eintretende Fallhöhe deutlich zu machen.

Man versprach mir umgehend einen Handwerker, der auch eine Stunde später kam. Er klingelte und ich drückte auf den Summer, kurz darauf stand er im Hausflur.

„Hallo! Können Sie bitte ganz nach oben kommen?", flüsterte ich, um den Handwerker zu mir zu dirigieren.

„Das tropfende Schlafzimmer, nicht wahr? Haha!" bölkte der Mann fröhlich und für alle Wohnungen klar verständlich zu mir herauf.

Der Schaden wurde behoben. Die Nachbarn grü-
ßen mich seitdem ziemlich verkniffen, doch dafür
schlafen meine Katzen wieder mit im Bett!

Der Terminator

Vor dem Gebäude unseres Wohnkomplexes gibt es
zwei Zugänge. Einer davon, vor der linken Hälfte
des Gebäudes, wurde zugemauert, was sich hinter-
her als Fehler herausstellte, denn die Bewohner,
die auf der linken Seite wohnen, möchten nicht
gern den Umweg um das ganze Gebäude machen,
wenn sie zu ihren Wohnungen gehen.
Kurz gesagt: Ein Durchbruch in der Mauer muss
her! Mein Bruder Issam, der dort zur Zeit als
Hausmeister fungiert, versucht das zu organisie-
ren. Auch mein Papi hat da durchaus eine Idee
und holt sich zwei Männer aus der Nachbarschaft
heran, die diesen Durchbruch machen sollen.
Doch das schwere Gerät fehlt, das man dazu
bräuchte, denn die Mauer ist aus Beton!

Papi erzählt uns beim Frühstück, dass er immer-
hin einen großen Hammer organisiert hat, und die
beiden Männer hauen nun abwechselnd auf die
Mauer, um Brocken für Brocken einzureißen.

Nach dem Frühstück geht Papi wieder runter, um das Vorhaben zu begutachten, denn mein Bruder Issam ist im Urlaub. Mein anderer Bruder, Levan, sitzt mit mir noch in der Küche.

Selbst hier oben hören wir die Schläge mit dem schweren Hammer. Doch so langsam fragen wir uns, wo Papi denn bleibt.

Eine Weile später gehen wir runter, denn wir sind neugierig, wie die beiden Männer vorankommen.

„Ich bin ja nur froh, dass Papi nicht auf die Schnappsidee gekommen ist, das selbst zu machen und sich Hilfe geholt hat", sage ich, während wir die vielen Treppen hinuntersteigen. „Du weißt ja, wie er ist. In seinem Alter und dann mit dem schweren Hammer bei den Temperaturen. Ich wäre echt ausgerastet, wenn er sich da eingemischt hätte!"

Mein Bruder tippt mich von hinten an. „Na, dann schau mal nach rechts."

Ich traue meinen Augen nicht:

Hoch oben auf der Mauer steht mein 81-jähriger Vater, den schweren Hammer in der Hand, und haut bei sengender Sonne immer wieder auf die Betonmauer. Die beiden jungen Männer stehen (immerhin mit Bewunderung, wie ich ihre Haltung deute) im gebührenden Abstand daneben.

Sie rauchen und trinken Wasser. Und sie achten darauf, nicht von den herabsausenden Betonstücken getroffen zu werden, die mein Vater heraushaut.

Mein Mann sagt oft, dass ich unter dem Zwang leide, alles selber machen zu müssen. Woher habe ich das bloß?

Es gab eine kurze Phase, in der ich ziemlich von der Rolle war, aufgrund von Stress. An einem Tag, an dem es besonders schlimm war, gönnte ich mir eine Pause und fuhr zu meiner Freundin, zum Tee, in die etwa zwölf Kilometer entfernte größere Stadt.

Wir sitzen seit einer guten Stunde gemütlich zusammen; ich übermüdet und unkonzentriert, als mein Handy klingelt. Es ist mein Mann. Oha, hoffentlich ist nicht eine der Katzen krank, denke ich und gehe ran.

„Ja, was gibt's?"
„Bist du irgendwo in der Nähe? Du hast mich nämlich eingeschlossen."

Was will *der* denn jetzt? Draußen regnet es in Strömen und krankgeschrieben ist er ohnehin. Muss er genau jetzt raus? Ich komme doch sowieso abends zurück, denke ich genervt. Und wieso hat er keinen Schlüssel?

„Musst du denn genau jetzt raus?"
„Naja, ich müsste mal auf Klo."

Spinnt der? „Dann geh doch!"
„Würde ich ja, aber du hast mich in meinem Zimmer eingeschlossen."

Haiteres

Eines Tages fuhr ich mit dem Auto los und gewöhnlich mache ich – zwecks Info zur Verkehrslage – das Radio an. Bei dem Sender RSH ging wohl gerade eine Dokumentation zu Ende, zumindest war das Letzte, das ich aufschnappte „ ... kein Hai in der Schlei." Ich war auf der A 23 unterwegs, hatte noch eine ziemlich lange Fahrt vor mir, und so kam ich ins Grübeln.

Kein einziger Hai
schwimmt in der Schlei.
Auch im Inn
ist keiner drin.
Für die Elbe
gilt dasselbe.

Den Jangtsekiang
kommt keiner entlang.
Nicht mal im Po

ist er irgendwo.
Warum es im Nil
ihm auch nicht gefiel?
Es wäre doch toll da!
Doch nicht mal die Wolga
war irgendwie seine.
Erst recht nicht die Leine!
Der Hai hat es schwer.
Er schwimmt nur im Meer.
Dabei wär´s doch ´n Knaller,
wär´ er in der Aller.
Ihn kriegt keiner rein,
in den schönen Main.
Und auch für den Rhein
ist er sich zu fein.
Doch bei Hawaii,
da gibt es den Hai!
Die australische Küste
weckt bei ihm Gelüste.
Er schwimmt durch die Wellen
rund um die Seychellen.
Er grüßt noch mal kurz,
der Rest ist ihm schnurz.
Das Gedicht ist vorbei,
vom Hai in der Schlei.

(frei nach Hainz Erhardt)

Kindsköpfe - Teil 2

Papi möchte gern in den Wald, um Pilze zu su-
chen. Mein Bruder Levan und ich begleiten ihn
und freuen uns auf einen schönen, schattigen Spa-
ziergang, während Papi entlang des Weges den
Wald nach Pilzen durchstreift. Seine Ausbeute war
allerdings nicht groß. Genaugenommen hat er am
Schluss einen Pilz in der Hand, als wir wieder am
Auto waren.

Levan will sich gerade ins Auto setzen, als Papi am Waldrand einen großen Plastikball findet und ihn auf den Rücksitz legt. Das passt Levan allerdings überhaupt nicht.

„Was wird denn das jetzt? Du kannst doch nicht einfach diesen Ball mitnehmen. Den könnte ein Kind hier vergessen haben und wiederhaben wollen."

Papi verteidigt sich: „Wer soll den denn vermissen? Der lag im Wald. Das geht doch auch nicht."

Doch davon möchte Levan nichts wissen: „Du kannst nicht einfach Dinge mitnehmen. Es ist nicht dein Ball, und daher muss der hierbleiben! Und überhaupt: Was willst du denn mit diesem Ball?"

Widerwillig und etwas genervt lässt Papi den Ball zurück, und wir fahren nach Hause. Bevor wir in die Wohnung gehen, machen Papi und ich noch einen Stop beim angrenzenden Supermarkt, während Levan schon vor geht. Eigentlich wollten wir nur Brot holen, doch dann entdeckt Papi mehrere Melonen und bekommt Appetit. Also kauft er eine. Ich trage die große Wassermelone heim und drücke sie Levan an der Tür in die Hand.

Levan grinst: „Na, dann hat er ja doch noch seinen Ball bekommen."

Durch die Blume

Damals in der Sprachenschule. Wir hatten Wirtschaftsfranzösisch.

Lehrerin: „À la fin de l´année, tous les travailleurs ont recu une prime. Wer kann das übersetzen?“

Ich: „Am Ende des Jahres bekamen alle Arbeiter eine Primel.“

Lebensversicherung

Vor langer Zeit gab es einen Mann, der mit seiner Frau keine Kinder bekommen konnte. Das war auch in der Nachbarschaft bekannt. Als sie eines Abends immer noch im Garten schufteten, hörten sie, wie ein Nachbarspärchen sich über sie unterhielt, in dem sie sich wunderten, dass die beiden so viel arbeiteten, wo sie doch gar keine Kinder hatten.

Diese Worte gingen der Frau nach, und später am Abend, als jene Nachbarn am Essenstisch saßen, schlich sie rüber, warf ein Tuch über deren 18-jährige Tochter und sprach: „Wir wollen euer Mädchen zur Frau!"

Mit dieser Zweitfrau bekam der Mann zwei Kinder: Einen Jungen und ein Mädchen. Der Junge hatte wiederum ein Kind, das ein Kind hatte, das ein Kind hatte. Ja, und dieses Kind bin ich!

Papi hat diese Geschichte vor 20 Jahren von seinem Cousin erfahren. Ich hörte diese Geschichte 2017 zum allerersten Mal.

Mein Mann kommt von seinem Abendspaziergang zurück und berichtet aufgeregt, dass er ganz viele Privat-Flohmärkte in unserem Dorf gesehen hätte. Bei uns ist es üblich, dass Leute die Sachen, die sie nicht mehr brauchen, an trockenen Tagen in Kisten oder auf Tischen herausstellen, anbei ein Schild „zu verschenken" oder „zu verkaufen" . Wir machen das auch ab und zu und freuen uns immer, wenn wir selbst an so einer Kiste vorbeikommen.

Er hält etwas hoch. „Guck mal, ich habe ein Puzzle mitgenommen!", triumphiert er stolz. Ich schaue ihn verständnislos an.

„Seit wann puzzelst du denn? Du hast doch noch nie gepuzzelt! Was willst du denn damit? Bei dir im Zimmer wird es immer voller und voller, weil du immer und überall soviel Zeugs findest, was du ja eigentlich gar nicht brauchst ..."

„Aber es ist doch nur ein ganz kleines Puzzle ...", versucht mein Mann das Ganze zu relativieren, doch da hat er sich die Falsche ausgesucht.

„Ja, trotzdem. Was willst du denn damit? Du setzt dich doch nicht im Ernst damit hin und puzzelst!"

„Doch!", entgegnet mein Mann nun etwas trotzig. Ich schüttel nur mit dem Kopf.

„Da sind noch mehr Sachen ... auch künstliche Blumen. Willst du mal gucken? Es ist auch gar nicht weit von hier."

Wir stiefeln also los. Zwei Straßen weiter sehe ich einen Berg von Zeugs, welches offensichtlich aus dem dazugehörigen Haus geräumt wurde, das zum Verkauf steht. Mein Mann hält eine der künstlichen Blumen hoch und schaut mich fragend an. Meine Augen weiten sich.

„Oh! Ja, die geht mit. Oh, und guck mal da: Die geht auch mit. Und die ...."

Wir stiefeln wieder nach Hause. Kurz bevor wir ankommen, deutet mein Mann auf unsere vollen Arme. Er musste natürlich auch ein paar künstliche Blumen und Blumenübertöpfe nehmen, da ich die nicht alle hätte tragen können. Er grinst breit.

„Ich möchte hiermit feststellen, dass ich nur ein ganz kleines Puzzle mitnahm."

Wir müssen aufpassen, dass uns vor Lachen nicht alles auf die Straße kullert.

Papi als Konfuzius

„Wenn du einen Menschen richtig kennen willst, dann mach folgende drei Dinge:

1   Mach mit ihm einen Handel.
2   Trinkt Alkohol zusammen.
3   Fahrt gemeinsam in den Urlaub.

Danach kennst du ihn!"

Kleiner Igel

Kleiner Igel, grad geboren
noch ganz grün hinter den Ohren
hat die ersten Stacheln sitzen
möchte durch die Gegend flitzen.

Doch Insekten gibt es kaum,
so schnell ist er aus, der Traum.
Grüne Flächen gehen zur Neige,
wilde Blumen: Fehlanzeige.

Zuviel Beton, der Rasen kurz
den Menschen sind die Tiere schnurz.
Alles, alles bauen sie dicht
kleiner Igel versteht das nicht.

Ohnehin in großer Not
stark vom Aussterben bedroht
wird er dünn, hat kaum Gewicht
kleiner Igel versteht das nicht.

Das ist nicht alles, es wird schlimmer
da kommt er schon, der Rasentrimmer
bohrt sich in die Igel-Hecke,
in die letzten Schlaf-Verstecke.

Das Einkugeln half ihm nichts mehr
getroffen wurde er sehr schwer
Fliegeneier noch und nöcher
Maden fressen in ihn Löcher.

Oh dieser Schmerz, oh diese Wunden
sein Körper ist schon halb verschwunden.

Ein letzter Atemzug, dann erlischt sein Lebens-
licht.

Kleiner Igel, kleiner Igel ... versteht das nicht.

*Meiner Freundin (seit über 40 Jahren Igelpflege-
rin!) war das zu traurig, also hängte sie an:*

Zum Glück kommt mal ein Mensch daher
den dauert so ein Igel sehr.
Er nimmt ihn auf, macht ihn gesund,
so dass er fit wird und ganz rund.
Drum Mensch, siehst du solch armes Wesen,
dann hol es rein – es kann genesen.

Lebensretter

April 2020, das Corona-Virus wütet weltweit.

Im Whatsapp-Familienchat zeigt mein Vater ein Foto von unseren Strandvillen, die direkt am Schwarzen Meer stehen. Man sieht in erster Linie nur Sand, der in den letzten Tagen bei starkem Wind vom Strand landeinwärts getrieben und direkt vor die Eingänge geweht wurde. Papi schreibt:
„Der Sand hat die Villen dichtgemacht!"

Darauf schreibt mein kleiner Bruder:
„Der Sand sagt: Bleibt zuhause!"

Herr Monk, bitte!

Mein neuer, pechschwarzer, bulgarischer Kater namens Monk ist seit einigen Wochen bei uns. Ich finde, es ist jetzt an der Zeit, dass er mal durchgecheckt wird. Ich rufe meinen Tierarzt an.

„Huhu! Ich wollte einen Termin für Monk machen."
„War er schon mal bei uns?"

„Nee, der ist ganz neu aus Bulgarien."
„Und Sie begleiten ihn?"

Was haben die in der Praxis denn heute geraucht? Ich kratze mich am Kopf.

„Ja natürlich begleite ich ihn. Allein kann er ja wohl schlecht zu euch kommen."

„Herr Monk kann also nicht alleine herkommen?"

Also ehrlich: So einen Clown möchte ich auch mal frühstücken!

„Nein!! Herr Monk kann nicht …."

Moment.

Herr Monk?

Oh Gott, ich hatte gar nicht die Nummer meines Tierarztes gewählt, sondern die von meinem Hausarzt.

Wahltag

Dezember **2017**. Die amerikanische Heavy-Metal-Band *Manowar* möchte gern in Rente gehen und macht eine Abschiedstournee quer durch Europa. Natürlich nicht ohne einen Schwermetaller wie mich, und so bin ich Teil eines – für mich – sehr emotionalen Konzerts in Kiel.

Nach dem Konzert brauche ich ein Taxi zum Hotel, doch wie soll mich das finden, in dem Ameisenhaufen von Fans rund um die Kieler Ostseehalle?

Plötzlich entdecke ich ein großes leuchtendes Schild mit der Aufschrift „SPD". Prima, denke ich, renne über die Straße und zücke mein Handy.

„Ich hätte gern ein Taxi ... ich stehe direkt vor der SPD-Zentrale! Sie können mich nicht übersehen." Fünf Minuten später ist der Wagen da und ich steige ein.

Der Fahrer begrüßt mich freundlich. „Und, wie ist es gelaufen?"

„Naja", sage ich und schaue noch einmal wehmütig zurück zur Ostseehalle, „wenn man über 30 Jahre für etwas brennt und dann heißt es auf einmal Abschied nehmen ... das tut schon ganz schön weh!"

Darauf der Taxifahrer erstaunt: „Also doch keine Große Koalition?"

Wechseljahre

2012

Ich: Boah, ist das kalt. Frierst du gar nicht?
Mein Mann: Es ist nicht wirklich kalt.
Ich: Natürlich ist es kalt! Wie kannst du nur ohne Jacken rumsitzen!

2022

Ich: Boah, ist das warm. Schwitzt du gar nicht?
Mein Mann: Ich finde es eher kühl.
Ich: Wie bitte? Es ist heißer als die Hölle.
Darf ich das Fenster aufmachen?
Mein Mann: Darf ich mir vorher eine Jacke holen?

Ein Stück Geschichte

1907 wird Käthi Dill in einem Haus an der Hamburger Elbchaussee geboren. Ihre Eltern betrieben eine gutgehende Bäckerei. Besonderes Highlight: der Dill'sche Herrenkringel, der sogar über Hamburgs Grenzen hinaus verschickt wurde. Käthi wurde als erstes Kind von dreien geboren. Sie bekam noch einen Bruder und eine Schwester.

Ihr Bruder fiel im zweiten Weltkrieg am Schwarzen Meer, ihre Schwester starb 1973 an einem Gehirntumor.

Das Landhaus Dill war lange Zeit ein sehr bekanntes und beliebtes Restaurant in Hamburg, bis es 2015 leider endgültig geschlossen wurde.

Zweiter Weltkrieg. Hamburg wird stark bombardiert. Eine alleinerziehende Mutter flieht mit ihren zwei Töchtern aus der Stadt und begibt sich in die Obhut einer alten Freundin, die zeitweilig ihre Vorgesetzte war. Diese Freundin, Frau Hammerschmidt, wohnt in St. Peter Ording.

Viele Jahre später treffen sie sich in St. Peter wieder. Beide sind inzwischen über 70, doch ihre Freundschaft lebt wieder auf. Und so besucht die damals hilfesuchende Frau ihre Freundin mindestens zwei Mal im Jahr. Ich bin fast immer dabei. Auch beim ersten Wiedersehen stand ich daneben, gerade mal elf Jahre alt, als meine Omi und Frau Hammerschmidt sich in den Armen lagen und weinten. Ich habe Frau Hammerschmidt auch öfters allein besucht, später, als ich volljährig war und ein Auto hatte. Sie wohnte in einem Hochhaus im Ortsteil Bad, und ich höre sie heute noch sagen: „Bei guter Sicht kannst du bis nach Helgoland sehen." Mit Fernglas natürlich.

Ich stand oft bei ihr am Fenster und versuchte, Helgoland ausfindig zu machen. Als Kind, aber auch als schon fast 30-jährige Frau. Kaum dass ich in der Tür war, ging der Griff auch schon zum Fernglas. Eine Tatsache, die Frau Hammerschmidt stets amüsierte.

Wenn ich zu Haus Probleme mit meiner Omi hatte, bin ich kurzerhand nach St. Peter gedüst und habe, bei Kaffee und Kuchen, Frau Hammerschmidt mein Herz ausgeschüttet. Sie nickte dann bedächtig, streichelte mir über den Kopf und sagte: „Wenn ich damals nicht die Vorgesetzte deiner Großmutter gewesen wäre, hätte ich auch Schwierigkeiten mit ihr bekommen. Sie ist keine einfache Persönlichkeit." Diese Gespräche mit Frau Hammerschmidt taten mir sehr gut, denn außer ihr verstand mich niemand.

2002 ist sie gestorben, im Alter von 95 Jahren. Doch vergessen habe ich sie nie. Oft fuhr ich noch die Elbchaussee entlang, und immer wenn ich das Landhaus Dill erblickte, überkam mich ein wehmütiges Lächeln. Danke für alles, liebe Käthi Hammerschmidt, geborene Dill.

Kismet – eine ganz besondere Straßenkatze
- die Fortsetzung -

Es gibt tatsächlich schon eine Geschichte die so heißt, und zwar im Buch „Pfotenengel", das ich 2018 geschrieben habe. Für all die, die dieses Buch nicht kennen, fasse ich mal kurz zusammen, was bisher geschah:

2011 war ich zu Besuch am Schwarzen Meer bei meiner Familie, als ich Kismet zum ersten Mal sah. Auf ersten Blick war sie eine ganz normale Straßenkatze, die um Futter bettelte, so wie viele Katzen das dort nun mal machen. Ich habe immer Katzenfutter dabei, und daher war an der Situation nichts ungewöhnliches.

Doch Kismet ist anders. Sie entwickelt sich quasi zur Hauskatze, kommt manchmal mit ins Haus oder schläft auf der Terrasse. Sie entfernt sich nicht mehr von uns, und ich merke, dass das Ganze „Kismet" (Schicksal) ist und gebe ihr daher diesen wunderschönen Namen.

Ich möchte dieser Katze bei mir in Deutschland ein neues Leben schenken und fange an, alle Dokumente vorzubereiten. Doch Kismet macht mir einen Strich durch die Rechnung.

In der Zwischenzeit hat sie Junge bekommen, und als ich im Folgejahr wieder einreiste, hatte sie den zweiten Wurf am Start. Natürlich füttere ich sie und kümmere mich so gut ich kann – gleichzeitig ärgere ich mich wahnsinnig, dass ich nicht an die so nötige Kastration gedacht hatte.

Bei meinem nächsten Urlaub ist Kismet verschwunden, und ich dachte schon, dass ich sie nie wieder sehen würde, doch dann taucht sie wieder auf – gerade als ich dort bin. Sie ist schon wieder schwanger und bittet mich um Hilfe. Ich lasse sie rein, und sie bekommt ihre vier Kitten bei mir im Haus. Nach meiner Abreise hilft Papi weiter: Er bringt Kismet und ihre Jungen in sein Dorf, wo es sehr viel ruhiger ist, und seitdem lebten sie dort – vor allem die Kitten, die dort erwachsen wurden. Kismet selbst zieht es mehr zu Papis Nachbarn, und zeitweilig sieht er sie wochenlang überhaupt nicht. Dennoch schafft er die Kastration und erzählt mir, dass Kismet fast gestorben sei. So dünn sei sie geworden und kränklich.

Vier Jahre lang sehe ich Kismet überhaupt nicht, doch dann, im September 2018, taucht sie plötzlich wieder auf. Sie ist immernoch bei Papi im Dorf, kommt aber sofort zu mir, als ich sie rufe und lässt sich füttern und streicheln.

Soweit die Vorgeschichte.

Im Herbst **2021** beschließt mein Vater, die inzwischen über zehn Jahre alte Kismet einzufangen und wieder mit zu unseren Häusern am Schwarzen Meer zu nehmen. Dort soll sie den Winter in meiner Strandvilla verbringen, denn Papi findet, dass sie inzwischen zu klapprig und schwach ist, um die Kälte zu überstehen. Auch von einer großen Wunde erzählt er mir und dass Kismet operiert werden musste. Papi kümmert sich rührend um sie, und ich freue mich, meine Kismet im darauffolgenden Sommer wiederzusehen. Denn sie wohnt ja nun in meinem Haus, und somit sind wir jeden Tag zusammen.

Mein Entschluss steht fest: Ich starte einen zweiten Versuch, Kismet mit nach Deutschland zu nehmen. Also: noch einmal Tollwutimpfung, noch einmal Titertest, noch einmal warten, bis die Zeitspanne um ist, dann Tierarzttermin und Gesundheitszeugnis.

Ich bereite alles akribisch vor – und fast hätte es schon wieder nicht geklappt. Kurz bevor ich mit Kismet ausreisen will, wird sie sehr krank. Was sie genau hat, wissen wir nicht, aber sie hört auf zu fressen und hat so merkwürdige Entzündungen im unteren Bauchbereich.

Eigentlich wollte ich mit ihr fliegen, doch spontan entscheide ich mich dagegen.

Was ist, wenn man sie, trotz des ausgestelltem Gesundheitszeugnis, als nicht fit erklärt? Ich nehme den Landweg, sprich Bahn und Bus. Ich weiss, dass Kismet das schaffen wird, auch wenn es nun zweieinhalb Tage dauert. Kontrolliert hat uns überhaupt niemand. Kismet saß im Zug neben mir auf einem eigenen Sitz. Gefressen hat sie nicht viel, aber das hatte sie ja vorher schon nicht. Immer wenn wir umsteigen mussten, ging sie brav in ihren Korb. Gefüttert habe ich sie mit einer Spritze, die sie sehr gut annahm.

Kaum waren wir bei mir zuhause in Norddeutschland angekommen, fing sie plötzlich an zu fressen. Und zwar richtig gut und viel! Zwei Tage später war ich mit ihr beim Tierarzt, der noch nicht sicher sagen konnte, was mit Kismet los ist: Entweder hat sie eine schwere Entzündung oder ein Mamakarzinom. Inzwischen hege ich den Verdacht, dass die große Wunde vom letzten Jahr auch ein Tumor gewesen sein könnte. Ich fange an zu recherchieren und voila: Kismet wurde letztes Jahr bereits wegen eines Mamakarzinoms operiert! Damit ist die Wahrscheinlichkeit, dass dieser Tumor zurückgekommen ist, leider sehr hoch.
Kismet fühlt sich offensichtlich wohl bei mir.

Sie bekommt nun Antibiotika und Kortison, und ihr Gewicht ist innerhalb von 10 Tagen von 3,2 auf 3,8 gestiegen. Der Tierarzt konnte beim letzten Besuch Gewebeproben nehmen, die in die Pathologie geschickt werden. Wir hatten es ja eigentlich schon geahnt: Der Tumor ist zurückgekehrt.

Und so nahmen die Wochen ihren Lauf. Immer wieder musste ich mit Kismet zum Tierarzt. Eine weitere Sonografie, eine weitere Blutprobe – sogar von Einschläfern war die Rede, als sie zwischendurch leider wieder extrem dehydrierte. Doch mein Gefühl sagte mir, dass Kismet den Zeitpunkt selbst bestimmen wird, so wie sie schon seit dem Anfang unserer gemeinsamen Zeit alles selbst bestimmt hat. Zumindest sind wir vom Einschläfern noch ein gutes Stück entfernt, denn kurz danach fraß und trank sie wieder, nahm zu, schmuste mit mir und schnurrte laut. Auch ihre Bewegungen wurden zusehens flotter: sie erklimmt wieder ohne Probleme einen Stuhl, an dem sie vorher kläglich scheiterte. Nein, noch guckt Kismet mich klar an, gibt Kopfstöße und schleckt genüßlich Yoghurt und Trockenfutter. Eine Chemotherapie kommt, laut Befund, bei ihr nicht in Frage, da der Tumor schon mächtig gestreut hat. Es ist also ein Wettlauf mit der Zeit.

Mein größter Wunsch ist nun, dass Papi, der sich für Weihnachten angekündigt hat, Kismet noch einmal sieht. Er hat sich jahrelang um sie gekümmert, für die Kastration gesorgt, und immer, wenn es sehr schlecht um sie stand, hat er sie in letzter Minute wieder auf die Pfoten bekommen. Dann kommt der herbe Rückschlag: Papis Visum für Deutschland ist noch nicht fertig. Er darf Weihnachten nicht einreisen! Die Wahrscheinlichkeit, dass sich Kismet und Papi noch einmal wiedersehen, sinkt also dramatisch. Ich bin total deprimiert.

Weihnachten und Silvester ziehen an mir vorbei. Kismet lebt! Und Papis Visum wird ausgestellt. Er kommt am **12.** Januar für eine Woche zu uns. Mein größter Wunsch geht in Erfüllung, und ich habe feuchte Augen, als Papi sich am Abreisetag von Kismet verabschiedet, denn es ist ganz sicher das letzte Mal, dass sich die beiden sehen.

Wir haben nun Ende Januar **2023.** Ich war mir, als wir im Oktober zusammen hier ankamen, nicht sicher, ob sie die ersten zwei Wochen übersteht. Jetzt ist sie schon seit über dreizehn Wochen bei mir in Deutschland. Es geht ihr entsprechend gut. Sie hat keine Schmerzen, frisst und trinkt gut. Sie fordert ihre Streicheleinheiten regelmäßig ein und genießt diese sehr.

Ich kann meine Dankbarkeit für diese gemeinsame Zeit kaum in Worte fassen. Und genau deshalb endet Kismets Geschichte – zumindest für dieses Buch – genau hier. Wie lange wir noch haben ist ungewiss, und deshalb werden wir jeden Tag und jeden Moment intensiv genießen. Das, und auch dass ich sie nicht leiden lassen werde, wenn es soweit ist, verspreche ich ihr nachts ganz leise, wenn wir eng aneinandergekuschelt zusammen im Bett liegen.

Millionen von Straßenkatzen (und -hunden!) führen einen erbitterten Kampf ums Überleben, und wenn sie krank und schwach werden, haben sie draußen kaum eine Chance auf ein würdevolles Ableben. Und das nach einem Leben, in dem sie ungeliebt waren, oft verscheucht wurden und meistens nicht mal einen Namen bekamen. In den Augen vieler Menschen wertlose Kreaturen, die sich unkontrolliert vermehren und das ganze Elend dadurch noch vergrößern.

Diese Katze hatte Glück. Denn sie war zur richtigen Zeit am richtigen Ort, und sie hat ihre Chance auf ein besseres Leben genutzt. Das ist Schicksal. Das ist Kismet. Sie ist wirklich eine ganz besondere Straßenkatze.

Geheimwaffe

Mein Vater sitzt mit mir und meiner Freundin beim Kaffeeplausch. Meine Freundin erzählt gerade begeistert von den Walnüssen in der Steiermark. Die seien vorzüglich, schwärmt sie, einfach unübertroffen.

Ich nutze die Gelegenheit, um darauf aufmerksam zu machen, dass nicht nur Walnüsse in der Steiermark erstklassig sind und erzähle die Geschichte, wie ich im Garten von Arnold Schwarzeneggers Geburtshaus ein paar Äpfel geklaut hatte. Die waren ebenfalls extrem lecker, schwärme ich, den Genuss noch auf der Zunge fühlend. Darauf meine Freundin: „Kennt dein Vater denn Arnold Schwarzenegger?" Ich: „Äh ... nein." Daraufhin wendet sie sich meinem Vater zu: „Arnold Schwarzenegger ist einer, der Gewichte gestemmt hat und dafür auch Preise gewonnen hat ...." Sie schaut in das ratlose Gesicht meines Vaters. „Also er ist berühmt für seine Muskeln. Er ist ganz furchtbar stark!"

Mein Vater guckt sie schief an.

„Wegen der Nüsse?"

Sehr vielfältig!

(Eigentlich ist das die Fortsetzung der Geschichte „Entspannung pur")

März 2022.
Mein Mann und ich nehmen uns eine dreitägige Auszeit. In einem Hotel, irgendwo in Mecklenburg-Vorpommern.
Die Vorfreude ist riesig, denn wir waren vor fünf Jahren schon einmal hier und haben die besten Erinnerungen an unseren Aufenthalt.

Glücklich angekommen, geht es am ersten Abend schon los:
Mein Mann entdeckt, dass wir eine Nespresso-Maschine im Zimmer haben, die auf dem Kühlschrank thront, und beschließt, sich einen Kaffee zu machen. Doch die Maschine teilt seinen Entschluss nicht.
Mein Mann kniet sich nieder, dreht und stöpselt – sie läuft nicht. Er ruft beim Empfang an. Die nette Dame kommt zu uns und erklärt ihm die Maschine. Mein Mann hat sich inzwischen bei der ganzen Stöpselei den Oberarm am Kondensator des Kühlschranks verbrannt. Grinsend zeigt er mir die Verbrennung.

Nach dem Kaffee gehen wir ein Stück spazieren. Dabei tritt mein Mann mir auf die Ferse. „Uff", mache ich kurz und humpel den Rest der Strecke. Aber alles halb so schlimm, denn nun geht es endlich in die hoteleigene Sauna!

Voller Enthusiasmus tritt mein Mann in die Sauna. Besser gesagt, er wollte sie betreten. Er übersieht eine kleine Schwelle an der Tür und schlägt der Länge nach hin. Ich bin natürlich fürchterlich erschrocken, doch mein Mann berappelt sich langsam und meint, das ginge schon.

Ich möchte mir nicht ausmalen, was geschehen wäre, wenn er mit dem Kopf gegen die vorderste Holzbank geknallt wäre!

Nach zwei Saunagängen setzen wir uns ins Hotelrestaurant, um fürstlich zu speisen. Natürlich starten wir mit einer klassischen Soljanka. Sie schmeckt auch fantastisch, allerdings ist sie total übersüßt und ich fange an zu husten. Sogar mein nie nörgelnder Gatte muss mir zustimmen: Hier ist der ganze Zuckertopf in die Suppe gewandert.

Als der Kellner fragt, wie es schmeckte, sage ich – ganz meiner Natur entsprechend – die Wahrheit. Die Suppe war ein Traum, nur etwas zu süß. Das Essen, das ich danach bekam, war definitiv nicht zu süß. Auch nicht zu salzig.

Es war einfach komplett ungewürzt. Aber das kann unsere Stimmung nicht trüben. Wir fühlen uns sauwohl!

Zweiter Abend.
Nach einem schönen langen Spaziergang und zwei weiteren Saunagängen, finden wir uns wieder im Restaurant ein.
Ich muss dazu sagen, dass das Restaurant zur Zeit nur mit einer „Übergangsspeisekarte" arbeitet. Das hat irgendetwas mit Corona zu tun. Auf jeden Fall gibt es an Auswahl nur zwei Suppen, drei Vorspeisen, ungefähr sechs Hauptspeisen und zwei Nachspeisen. Da wir nur drei Abende bleiben, passt das für uns. Also für meinen Mann. Für mich ist es schon schwieriger, da entweder Senf oder Pilze mit im Spiel sind. Beides bekomme ich nicht herunter. Gut, da bleibt aber noch genug. Ansonsten esse ich eben ein Gericht zweimal.

Wir starten wieder mit einer Suppe. Mein Mann nimmt die Pilzsuppe und ich? Mir bleibt nur die Soljanka. Diesmal wird der Koch mit dem Zucker aufpassen, bin ich mir sicher. Nun, falsch gedacht. Die Suppe ist genau so überzuckert wie gestern. Der Kellner fragt mich grinsend: „Na, ist es diesmal besser?" Ich grinse zurück. „Nicht wirklich."

Jetzt kommt die Hauptspeise. Mein Mann entscheidet sich für das vegetarische Schnitzel (mit Erdnusssoße – das ist wieder nichts für mich), und ich nehme das Roastbeef. So wie ich Roastbeef erinnere, aus früheren Tagen, sind das so kleine dünne Scheiben mit Remouladensauce. War doch damals sehr lecker, also kann nichts schiefgehen.

Das Roastbeef kommt und entpuppt sich als rohes, klumpiges Fleischgeschwür, das ich nicht anrühren kann. Selbst mein völlig unkritischer Mann runzelt die Stirn. Ich sage dem Kellner aber nichts, denn das ist mir nun langsam unangenehm. Ich weiss ja, wie krüsch ich bin.

Der Kellner möchte abräumen, beschaut den Fleischberg auf meinem Teller und sagt: „Was ist das denn? Wissen Sie was, das berechne ich Ihnen nicht; das hätte ich auch nicht gegessen." Mir ist das Ganze ziemlich peinlich, obwohl ich gar nichts gesagt hatte.

Hinterher diskutieren mein Mann und ich über das Essen. „Du meintest bestimmt Carpaccio", ermutigt er mich. „Das steht auch auf der Speisekarte. Lass uns das doch morgen, am letzten Abend, essen!" Wir reden noch länger über Roastbeef und Carpaccio, jedoch bin ich weiterhin der Meinung, dass Roastbeef anders aussieht als das, was ich vorhin auf dem Teller hatte.

Der Urlaubstimmung tut das überhaupt keinen Abbruch, und wir freuen uns auf unseren letzten Tag, der – laut Wetterbericht – sehr sonnig und warm sein wird.

Der dritte Abend.
Nach einem herrlichen Ausflug ins Umland (sonnig und warm), zwei weiteren Saunagängen ohne große Vorkommnisse, sind wir ein letztes Mal auf dem Weg zum Restaurant. Die Fußsohle meines Gatten ist, nach dem Erstkontakt mit der Sauna, inzwischen dunkelblau angelaufen, aber er kann den Fuß noch benutzen! Ich hatte mir überlegt, dem Hotel Fotos von seiner Fußsohle zu zeigen, um auf die Gefahr an der Saunatür aufmerksam zu machen, doch mein Mann wollte davon nichts wissen. Zumindest wollte er nicht dabei sein, wenn ich am Empfang mein Handy mit entsprechenden Fotos zücke.

Bevor wir allerdings runtergehen, versuchten wir mehrfach Winni zu erreichen. Winni ist der Vater meines Mannes, der uns versprochen hatte, sich zu melden, wenn er wohlbehalten auf dem Schiff ist.
Er ist nämlich im Begriff, eine Schiffsreise zu machen, die allerdings noch durch einen letzten PCR-Test gefährdet sein könnte.

Die Woche davor hatte er sich nämlich Corona eingefangen. Winni meldete sich aber nicht und reagierte auch nicht auf diverse SMS oder Whatsapp-Nachrichten. Was war geschehen? Ist er nicht abgeflogen? Ist er noch positiv? Hat er das Schiff verpasst? Ist sein Handy kaputt?

Wir beschließen, nach dem Essen, Freunde von ihm zu kontaktieren, die eventuell etwas über seinen Verbleib sagen könnten.

Wir sitzen endlich an unserem Tisch, haben riesigen Hunger und wollen gleich bestellen, da wir ja gestern schon alles ausführlich besprochen hatten. Der Kellner kommt und ich lege los: „Wir hätten gerne zweimal das kalte Roastbeef..." Mein Mann fährt sofort dazwischen. „Nein!!", zischt er und korrigiert: „Wir hätten gern zweimal das Carpaccio". Ich gucke ihn fragend an, dann fangen wir beide fürchterlich an zu lachen. Ich war inzwischen so durcheinander, dass ich um ein Haar noch einmal das wulstige Fleischgeschwür von gestern bestellt hätte! Das Carpaccio kommt und entpuppt sich als hauchdünne Rindfleischscheiben. Mein Mann wird die schon essen, seufze ich innerlich, und mache mich an so etwas rundes gelbes, das allerdings steinhart ist. Ich bekomme erst einen Husten-, dann einen Niesreiz.

Inzwischen schaut das Personal zu uns rüber – nicht nur wegen der komischen Geräusche, die ich mache, sondern auch, weil mein Mann und ich immernoch über die fast schiefgegangene Bestellung lachen. Um weitere Experimente zu vermeiden, bestelle ich als Hauptgericht Bratkartoffeln. Die stehen nicht auf der Karte, sind aber als Beilage aufgeführt. Ob das ginge? Einfach nur ganz schlichte Bratkartoffeln. Denn ich traue mich nicht mehr, nochmal etwas auf dem Teller liegenzulassen. Ja, das ginge. Ich freue mich riesig, und die Bratkartoffeln sind absolut vorzüglich.

Beim Bezahlen werde ich von dem Gefühl eingeholt, die letzten drei Abende irgendwie wieder gutmachen zu müssen und sage voller Inbrunst zum Kellner: „Sie sind wirklich ein toller Koch." Er lächelt verkrampft, sagt aber nichts. Verzweifelt setze ich nach: „Und auch noch sehr nett!" „Nun", sagt er leicht verlegen, „das soll ja auch so sein." Als er außer Hörweite ist, flüstert mein Mann: „Der Kellner ist aber nicht der Koch!!" Mir wird schlagartig klar, was für einen Blödsinn ich da gefaselt habe, und es ist mir entsetzlich peinlich. Ich bekomme vor Lachen kaum Luft, während ich japse: „Hättest du mir das nicht erst oben sagen können?"

Wir sind beide völlig hinüber, lachen Tränen und erzählen uns immer wieder, was seit unserer Ankunft alles passiert ist. „Die werden sich noch lange an das Zimmer 135 erinnern", seufze ich, völlig vom Lachen erschöpft, als wir zurück in unser Zimmer stolpern – alle fünf Meter durchgeschüttelt von einem neuen Lachkrampf.

Kurze Zeit später gehe ich zum rauchen raus, während mein Mann nun endlich versucht, den Verbleib seines Vaters zu recherchieren. „Immer noch nichts?", frage ich ihn, als ich wieder oben bin. Mein Mann schüttelt den Kopf und geht ins Bad. Ich setze mich auf mein Bett.

Kurze Zeit später kommt mein Mann aus dem Bad. Er macht ein gequältes Gesicht. „Die Toilettenspülung funktioniert nicht mehr". „Das ist jetzt nicht dein Ernst ...", fange ich an und dann schüttelt uns ein erneuter Lachkrampf durch. „Die halten uns doch ohnehin schon für vollkommen durchgeknallt; da können wir doch nicht schon wieder da auftauchen", winsel ich, während wir uns vor Lachen durchs Zimmer kugeln. Aber es bleibt uns nichts. Wir müssen Meldung machen.

Es gelingt uns tatsächlich, fünf Minuten lang ein ernstes Gesicht aufzusetzen und unser Problem vorzutragen. Man entschuldigt sich ausführlich und bittet uns, doch das gegenüberliegende Zimmer zu beziehen.

Wir tragen also gegen halb elf unser ganzes Hab und Gut in das neue Zimmer, und ich albere, dass man sich nun nicht nur an die 135 lange erinnern wird, sondern auch an die 134. Außerdem verkünde ich, dass ich darauf verzichten werde, dem Hotel Fußfotos meines Mannes zu zeigen. Meinem Mann kommt das sehr entgegen. Wir haben die halbe Nacht noch gelacht.

Am nächsten Morgen starte ich einen weiteren Versuch in Sachen Winni. Ich schicke ihm also eine Nachricht per Whatsapp: „Huhu Winni, alles gut bei dir?" Und bekomme 30 Minuten später tatsächlich folgende Anwort: „Ja, gerade vom Frühstück zurück. Sehr vielfältig."

Sehr vielfältig? Ich zeige die Nachricht meinem Mann. Natürlich brechen wir wieder in Gelächter aus. Während wir bis eben nicht einmal wussten, wo Winni abgeblieben ist, wissen wir jetzt zumindest, dass sein Frühstück sehr vielfältig war.

Doch ich glaube, so unterm Strich:
Unsere Kurzreise war vielfältiger!

Mastermind

Während der zwei Jahre, die wir in Friedrichstadt wohnten, haben wir uns so manches Mal ein Eis gegönnt, im Eiscafé Pinocchio. Fast immer bestand ich auf einer Kugel Melone.
Acht Jahre später, als ich einen Tag in Friedrichstadt verbrachte, gelüstete es mich wieder nach Eis.
„Ich hätte gerne eine Kugel After Eight."
„Wie jetzt ... keine Melone?"

Großes Lob!

Wir haben eine Familiengruppe bei Whatsapp, in der mein Bruder eines Tages schreibt, dass er einen Fernsehauftritt hatte, und zwar zum Thema Logistik in der Wirtschaft. Da ich das in Deutschland nicht sehen kann, schickt er mir den youtube-link. Meine ganze Familie ist voll des Lobes, und so schaue auch ich mir den einstündigen Beitrag an. „Glückwunsch! Sehr souverän", schreibe ich anerkennend in unsere Gruppe.
Eine halbe Stunde später meldet sich auch unser Papi zu Wort.

Sogar er hat ein großes Kompliment in der Tasche, wäre aber nicht Papi, wenn er das Kompliment nicht irgendwie unkenntlich machen würde:

„Wegen deiner Sendung sind mir zwei Kartoffeln verbrannt!"

DANKE !!

Danke an Andreas von Baudissin (www.baudissin.com) für die tollen Graphiken und an meinen Mann *Mütos* für die Zeichnung.
Und danke euch Lesern, fürs Lesen und die Feedbacks.

Weitere Bücher von Bali Kiknadze:

Balistan
Pfotenengel
Wie tickst du?
Tagebuch eines Tierschützers
Of hogs and cats

Spiele von Bali Kiknadze („Bali-Spiele")

Katerstimmung
Stachelritter
Pfoten Weg!